Yvon DELVOYE

Le secret des gens heureux

Osez le bonheur en toutes circonstances

jouvence
EDITIONS

Du même auteur aux Éditions Jouvence
Les 12 attitudes-clés des gens heureux, 2010

Extrait de la collection « Pratiques Jouvence »
L'art de la réconciliation, Marshall B. Rosenberg, 2010
Clés pour un monde meilleur, Marshall B. Rosenberg, 2009
Élever nos enfants avec bienveillance,
Marshall B. Rosenberg, 2007
Enseigner avec bienveillance, Marshall B. Rosenberg, 2006
La Communication NonViolente au quotidien,
Marshall B. Rosenberg, 2003
Nous arriverons à nous entendre, Marshall B. Rosenberg, 2005

Catalogue gratuit sur simple demande
ÉDITIONS JOUVENCE
France : BP 90107 – 74161 Saint-Julien-en-Genevois Cedex
Suissse : CP 227 – 1225 Chêne-Bourg (Genève)
Mail : info@editions-jouvence.com
Site : **www.editions-jouvence.com**

ISBN 978-2-88353-584-8

Couverture : Éditions Jouvence
Dessin de couverture : Jean Augagneur
Mise en page et suivi éditorial : Caroline Delavault

Sommaire

Introduction : Le bonheur, illusion ou réalité ?

Le bonheur durable existe-t-il et y a-t-il un secret pour l'atteindre ?

Je crois sincèrement qu'il existe des gens qui sont durablement heureux, en toutes circonstances et chacun de nous peut en faire partie, car telle est en fait notre véritable nature, cachée derrière le masque de notre ego, ce qui, en soi, est plutôt une bonne nouvelle. Ces gens acceptent ce que la vie leur donne et cela suffit à leur bonheur.

Mais ont-ils vraiment un secret ? Existerait-il une sorte de « potion magique du bonheur » et quel est donc ce secret ?

Le *Petit Larousse* définit le secret comme « ce qui doit être tenu caché ». Mais, dites-moi, à quoi donc pourrait servir un secret que l'on tiendrait caché ?

En réalité, il semble bien que *le secret du bonheur consiste à ne pas le chercher*, à réaliser qu'il n'y a rien à chercher, que tout est déjà là, en nous et que c'est précisément lorsque nous acceptons de cesser de chercher que nous pouvons enfin trouver. *Le bonheur est là, ici et maintenant, dans l'instant présent vécu en pleine conscience, dans l'amour et l'acceptation de tout ce qui est.* Beau programme, non ? Il s'agit donc de ré-apprendre à vivre, de vivre autrement, non plus à partir de notre tête mais à partir de notre nature essentielle, de ce que nous sommes réellement et que nous avons oublié. *Le bonheur, c'est maintenant*, ai-je souvent chanté. Rien d'autre n'existe en effet que ce qui est maintenant, puisque le passé n'existe plus et que le futur n'existe pas encore. Il est donc disponible à tout moment. Face au bonheur auquel nous aspirons tous, nous sommes un peu comme ce mendiant qui passe ses journées à tendre la main, assis sur une caisse, sans savoir que sa caisse est remplie de pièces d'or. Alors, plutôt que de « mendier » le bonheur, l'amour ou la prospérité, peut-être pouvons-nous regarder d'abord dans la « caisse » sur laquelle nous sommes assis, c'est-à-dire à l'intérieur de notre être. Il se pourrait bien que nous y découvrions ce que nous cherchons…

Cessons donc d'attendre ou de vouloir quoi que ce soit du moment présent, de la vie, des autres et de nous-mêmes, ce qui *demande de s'ouvrir à l'inconnu, dans un lâcher-prise total.* Prétendre accéder au bonheur durable suppose en effet l'acceptation sincère de nos malheurs présents, passés et futurs, car ce bonheur-là n'exclut pas la souffrance mais la transcende. Pas simple, me direz-vous… Certes, mais pourquoi ne pas tenter l'expérience ? Le but de ce petit livre est de vous en donner l'envie et de vous aider à « aller vers ».

Chacun peut donc se poser la question suivante : confrontés à l'adversité de la vie, est-il possible d'être heureux ? Illusion ou réalité ? Et que pouvons-nous faire pour y parvenir ?

À la première question, je réponds sans hésiter par l'affirmative. *Oui, je crois qu'il est possible d'être heureux en dépit des adversités qui jalonnent le parcours de notre existence*. Non seulement « en dépit des adversités » mais peut-être « grâce à elles », car ce sont elles qui vont nous donner l'opportunité et la force de trouver en nous le souffle de vie qui ne s'était pas encore révélé à la lumière de notre être, si l'on sait les accueillir et s'en servir pour donner un sens à notre vie ; ce sont elles aussi qui vont peut-être fournir au monde l'occasion de repartir sur des bases nouvelles, avec une nouvelle conscience. Car en réalité le bonheur n'a pas grand-chose à voir avec nos conditions de vie, même si celles-ci nous donnent l'impression contraire, mais tout à voir avec la Vie. C'est en effet *un état d'esprit, un état d'être*. Si nous le considérons comme une suite de désirs à satisfaire, il devient un leurre, une simple illusion car sitôt saisi, il nous file tôt ou tard entre les doigts. Tant que nous cherchons à lui donner une forme déterminée, il continue à nous échapper. Encore faut-il savoir le susciter pour lui donner vie, comme ce que nous appelons chance et qui n'est en réalité que l'intervention parfois subtile de la providence.

Voici ce qu'écrit Colette Portelance (voir la bibliographie) à propos du bonheur : « Dans les moments difficiles de la vie, nous avons tous tendance à nous accrocher au monde du dehors auquel nous donnons le pouvoir ultime de nous rendre heureux, parce que nous croyons qu'il est le seul lieu de résolution de tous nos problèmes… En réalité, le véritable problème trouve son origine dans le déséquilibre entre l'importance que nous accordons à la vie extérieure par rapport à celle que nous concédons à la vie intérieure ».

En fait, aussi longtemps que nous cherchons le bonheur dans la forme, nous sommes assurés de le perdre à un moment ou à un autre, car toute forme ne peut être qu'éphémère. Par conséquent il ne pourra y avoir de bonheur durable qu'à l'intérieur de notre être, dans la non-forme, ce qui suppose une nouvelle conscience davantage tournée vers le partage, l'unité et l'amour.

Ceci nous ramène à notre deuxième question : comment être heureux dans l'adversité ?

Il existe de nombreuses réponses à cette question et bien des voies pour y parvenir. Je me contenterai ici de parler de celles que j'ai moi-même expérimentées. *C'est dans l'acceptation de cette adversité et le lâcher-prise* que se trouve une grande partie de la réponse, toute expérience douloureuse étant une invitation à lâcher prise. J'en ai fait personnellement l'expérience à l'occasion d'une maladie auto-immune qui est encore présente aujourd'hui. Une autre opportunité d'acceptation et de lâcher-prise m'a également été récemment fournie sur le plan affectif. Dans les deux cas, j'ai été confronté au même choix : vivre mal ces situations ou changer mon regard sur elles, ce qui suppose une démarche intérieure, faite d'acceptation totale et tournée vers la Conscience pure, la source de notre être. *La conscience change notre regard et le regard change l'expérience,* nous enseigne la physique quantique.

La manière dont nous communiquons avec nous-mêmes et les autres joue également un rôle capital dans notre approche du bonheur. Communiquer sous une forme créative et bienveillante plutôt que réactive est tout à fait essentiel à des relations heureuses.

Être heureux dans l'adversité dépend aussi de *l'attitude que nous choisissons d'adopter dans toute situation.* Dans mon livre *Les 12 attitudes-clés des gens heureux* (Éditions Jouvence, 2010), j'explique en détails les principales attitudes qui participent à notre bonheur.

Enfin et surtout, comme je l'ai déjà mentionné, *la clé du bonheur passe par l'importance que nous choisissons de donner à notre vie intérieure,* à la confiance que nous acceptons de mettre dans la puissance créatrice de l'Univers, ainsi qu'à la présence en nous et autour de nous d'une intelligence supérieure, qui est ce que nous sommes en réalité, au-delà de ce que nous pensons être : une personne limitée, avec un corps, un mental, des émotions, des croyances, une personnalité… C'est précisément à partir de cet *espace intérieur* que nous pouvons trouver le vrai bonheur et *nous éveiller à notre nature véritable, qui est amour, paix, joie et liberté totale.* Encore faut-il le désirer vraiment.

Car, n'en doutons pas, le bonheur, ça s'apprend ! Cependant, il ne suffit pas de le vouloir pour être heureux. Décider de l'être est le premier pas ; le deuxième est d'accepter ce qui est et ce qui peut surgir à tout instant ; le troisième pas est de changer son regard, puis de laisser faire la Providence, en lui faisant confiance.

J'ai décidé d'être heureux,
parce que c'est bon pour la santé.
Voltaire

Acceptation et lâcher-prise

C'est quoi, au juste, le lâcher-prise ?

- *Lâcher prise, c'est lâcher nos résistances à ce qui est ou ce qui vient*, lorsqu'il s'agit de situations qui nous dérangent ou suscitent en nous des peurs, des pensées ou des émotions polluantes, *c'est accepter totalement ce qui est dans l'instant.*
- *Lâcher prise, ce n'est en aucun cas se résigner, abandonner ou rester passif.* C'est s'abandonner et laisser la vie faire. Cela ne veut pas dire que toute action est à bannir, bien entendu, mais il convient *d'agir sans réagir.*
- *Lâcher prise, c'est ne pas être dans le vouloir d'un résultat déterminé, ni même avoir d'attentes*, ce qui n'exclut pas l'intention. C'est laisser les évènements arriver, plutôt que les forcer.

> *Le lâcher-prise n'a rien à voir avec la résignation et l'absence d'action. C'est seulement lâcher nos résistances à ce qui est, sans réserves. C'est l'une des sources du bonheur.*

Quels sont les obstacles au lâcher-prise ?

– *La fausse idée que nombre d'entre nous s'en font*, en confondant lâcher-prise et résignation, abandon, non-action ou indifférence ou bien en étant persuadé que, de toute façon, c'est extrêmement difficile à réaliser ;
– *nos attentes et notre acharnement à vouloir un résultat déterminé* ;
– *la peur du changement et de l'inconnu* ;
– *le déni de nos résistances* à accepter ce qui est ;
– *nos habitudes, nos fausses croyances et nos a priori* auxquels nous nous accrochons et qui sont issus de nos conditionnements socioculturels et éducatifs ;
– *les mécanismes de défense de l'ego*, qui nous poussent à réagir ou à vouloir avoir raison ;
– *l'auto-apitoiement ou la victimite* ;
– *notre identification à la forme, cause de nos attachements* ;
– *l'importance démesurée que nous accordons à notre intelligence rationnelle* plutôt qu'à notre ressenti et à la dimension intérieure de notre être.

Les principaux obstacles au lâcher-prise sont le déni de nos résistances, nos attentes, nos attachements, nos croyances erronées, habitudes et conditionnements, ainsi que notre manque de confiance dans la vie.

Quels bénéfices pouvons-nous en tirer ?

– *Un gain d'énergie et une diminution du stress* : après un lâcher-prise, nous ressentons un grand calme en nous, une profonde paix intérieure, notre énergie augmente ;
– *le déblocage des situations tendues ou conflictuelles*, permettant une vie relationnelle plus riche ;
– *l'ouverture à une situation nouvelle et à tous les possibles* : en lâchant prise, nous permettons au meilleur d'arriver dans notre vie ;
– *l'évacuation de nos pensées et de nos émotions polluantes*, ce qui nous rend plus libres intérieurement ;
– *une plus grande efficacité de nos actions.*

> *Le lâcher-prise nous apporte un gain d'énergie, une diminution du stress et des situations conflictuelles et, bien entendu, une grande quiétude.*

Comment lâcher prise ?
Un processus en neuf étapes

Ce processus est longuement développé dans *Les 12 attitudes-clés des gens heureux* (Éditions Jouvence, 2010), avec un grand nombre d'applications pratiques. C'est pourquoi nous nous contenterons ici d'en reprendre les principaux points :

☛ Première étape : prendre conscience de l'alarme et de la problématique

Dès que vous éprouvez une émotion désagréable, votre corps vous envoie un message d'alarme, sous forme de rougeurs, tremblements, contractions du ventre, stress… et vous signale un danger.

☛ Deuxième étape : reconnaître que

– si vous ressentez un mal-être, c'est que *vous résistez à ce qui est*, à la situation.
– *vous êtes peut-être en réaction* à la situation ou à la personne qui vous dérangent.
– ce qui se passe en vous est peut-être le réveil d'une ancienne blessure intérieure mal cicatrisée.

☛ Troisième étape : la présence au corps

Pour sortir des pensées et des émotions, la meilleure solution est de *revenir à votre corps, en vous concentrant sur votre respiration*. Entraînez-vous à respirer profondément, en pleine conscience, en suivant le mouvement respiratoire de votre abdomen qui monte et qui descend. En plus de votre respiration, *essayez d'utiliser tous vos sens* : vue, sons, odeurs, toucher, goût.

☛ Quatrième étape : l'acceptation

La respiration consciente va vous aider à *entrer progressivement dans l'acceptation de ce qui est ou de ce qui vient*. Accepter ne veut pas dire que je suis d'accord. J'accepte ce qui est, parce que je ne peux pas empêcher que ce qui est actuellement soit là, présent dans ma vie. Donc *accepter, c'est dire « oui » à la vie, à ce qui est*, même si l'on n'est pas d'accord, c'est laisser les choses être telles quelles, du moins dans un premier temps. Cependant, si vous ne parvenez pas à accepter, ne vous culpabilisez pas, *acceptez de ne pas accepter… pour l'instant !*

☛ Cinquième étape : l'observation neutre de vos pensées

Si vous êtes en mal-être, il y a de fortes chances que vous soyez pollué par des pensées parasites porteuses de jugements, d'a priori ou d'interprétations qu'il convient de repérer, puis d'évacuer. Il s'agit donc ici de *vous placer en observateur neutre de vos pensées*, après la présence au corps, *sans les analyser*. Entraînez-vous à cette observation neutre, dès que l'occasion se présente, vous pourrez ainsi vérifier par vous-même que votre émotion se dégonfle.

☛ Sixième étape : l'observation et l'expression des besoins et des émotions

Si votre émotion est toujours présente en vous, il va être utile de *l'observer de manière neutre, comme vous l'avez fait avec vos pensées, afin d'essayer de l'identifier*, après avoir pris soin de procéder au préalable à quelques respirations profondes. Demandez-vous comment vous vous sentez à ce moment précis du processus : vous sentez-vous triste ? anxieux ? en colère ? découragé ? Le fait même de mettre un nom dessus va l'aider à se dégonfler. Là aussi, vérifiez-le par vous-même ! Soyez seulement le témoin de votre émotion, vous n'êtes pas l'émotion elle-même.

Si vous avez la possibilité *d'exprimer verbalement votre émotion* à une personne de confiance, n'hésitez pas à le faire ! Sinon, faites-le par écrit, ne serait-ce qu'à vous-même. Cela vous aidera à vous libérer.

☛ Septième étape : identifier et soigner la blessure intérieure

Lorsque nous attirons à nous des situations répétitives générant de fortes émotions, il est assez fréquent qu'elles indiquent une ou plusieurs « blessures psychiques » non conscientisées ou mal guéries, qui trouvent généralement leur source dans l'enfance et qui font l'objet de peurs profondes, telles que la peur de l'abandon, la peur du rejet, la peur d'être jugé, d'être trahi ou bien un fort sentiment de dévalorisation, d'humiliation ou de culpabilisation, ou encore un manque affectif. Ces blessures de « l'enfant intérieur » rendent le lâcher-prise particulièrement difficile. Toutefois, si vous êtes en mesure d'identifier cette blessure d'autrefois, je vous recommande de l'accueillir avec beaucoup de bienveillance, avec beaucoup d'amour, car c'est *l'enfant blessé en vous* qui se manifeste et vous n'êtes plus cet enfant.

☛ Huitième étape : se tourner vers « le dedans » pour choisir l'attitude et l'action justes

La question qui se pose alors à nous est celle-ci : *Que puis-je faire pour changer la situation, la faire évoluer favorablement ? Quelle est la bonne attitude à adopter ?* Ce n'est qu'en vous tournant vers « le dedans », votre espace intérieur et en écoutant les messages de votre intuition ou les signes que la vie vous envoie, que vous pourrez trouver la juste attitude, la difficulté étant bien sûr de *faire confiance à votre sagesse intérieure*, le mental s'y opposant le plus souvent, pour se protéger lui-même et garder le contrôle. Vous saurez que votre attitude ou votre action est « juste » grâce à votre ressenti. Vous remarquerez cependant que, la plupart du temps, il n'y a « rien à faire » pour changer la situation, elle changera d'elle-même sous l'action du lâcher-prise, si celui-ci est total, car la Conscience que vous êtes en réalité[1] agira à votre place, si vous la laissez agir et n'y mettez aucune volonté d'atteindre un résultat déterminé. Faites confiance à la Vie, elle sait ce qui est bon pour vous !

☛ Neuvième et dernière étape : passer immédiatement à l'action

Il est essentiel, même si vous avez encore des doutes, de ne pas reporter à plus tard votre changement d'attitude ou votre action. Votre mental pourrait bien alors se mettre en travers de votre route et remettre tout en question.

---

[1] Eckhart Tolle et la plupart des maîtres éveillés parlent de Conscience pure, qui est l'essence même de notre être, à ne pas confondre avec la conscience ordinaire. Pour eux, il s'agit de notre identité véritable.

➥ *Application*

Lorsque vous sentez une colère monter en vous ou toute autre émotion désagréable, sortez, même si vous êtes en ville ; marchez au moins dix minutes, si possible lentement, en concentrant votre attention sur votre respiration. Lorsque vous avancez le pied droit, pensez intérieurement « j'inspire » et sur le pied gauche, dites intérieurement « j'expire ». Ou bien encore « j'inspire, je suis calme », « j'expire, je lâche prise ». Utilisez également tous vos sens. Votre émotion va se dégonfler plus ou moins, selon sa puissance.

Une fois bien familiarisé avec l'apprentissage du lâcher-prise, vous pouvez alors utiliser la voie la plus directe, qui est le *lâcher-prise spontané*. Il s'agit tout simplement de « lâcher prise sur le lâcher-prise », en abandonnant le processus qui a nécessairement un aspect mental au départ. C'est seulement une question de pratique régulière, comme dans tout apprentissage.

Une Communication Créative, pour des relations heureuses

Qu'est-ce que la Communication Créative ?

Généralement, nous n'avons pas appris à communiquer et c'est un lourd handicap que nous traînons derrière nous, souvent toute notre vie. Là encore, si vous souhaitez approfondir ce sujet si important pour la qualité de vos relations, qu'il s'agisse de votre conjoint, de votre famille, vos amis, vos voisins, vos collègues de travail ou tout simplement vous-même, je vous renvoie à mon livre *Les 12 attitudes-clés des gens heureux* (Éditions Jouvence, 2010), qui développe en détail les principes de la Communication Créative, mode de communication que j'ai personnellement élaboré, à partir de mes expériences et de mes observations, alors que j'étais formateur en communication relationnelle.

Le principe de la Communication Créative est simple. Il consiste à :

– *lâcher prise sur nos peurs et nos résistances,*
– *adopter une attitude bienveillante, après avoir lâché prise,*
– *poser l'acte juste, en restant à l'écoute de notre intuition et de notre ressenti.* Il convient de préciser ici que, si le lâcher-prise est total, l'action juste se présente en général d'elle-même, spontanément.

Mais, avant d'examiner ces points plus en détail, regardons comment ça se passe pour nous et pour les autres, quand notre communication est dysfonctionnelle.

La qualité de nos relations et même de notre vie dépend pour une bonne part de la manière dont nous communiquons.

Toute communication réactive nous pollue et pollue nos relations

Nos peurs, nos croyances erronées, nos pensées parasites, notre certitude d'avoir raison, entre autres causes, nous poussent souvent à communiquer « en réaction », lorsque les choses ne vont pas dans le sens que nous souhaitons ou nous dérangent.

Toute discussion faisant l'objet de points de vue, de désirs ou de besoins différents, voire opposés, nous entraîne le plus souvent dans une forme de communication réactive, générant du stress, un mal-être, une perte d'énergie et parfois un conflit ouvert ou larvé.

Ce type de communication est éminemment nocif, empêche d'avoir des relations heureuses et donc nuit à notre bonheur, nous en avons tous fait plus ou moins l'expérience. C'est pourquoi il est si important d'apprendre à communiquer autrement.

Communication réactive = *peurs + pensées et émotions parasites + résistances + attitude réactive = stress, mal-être, perte d'énergie, conflit*

Comment mieux communiquer dans nos relations ?

Bien communiquer exige d'apprendre à ne pas être en réaction, ce qui dépend de notre capacité à lâcher prise et de notre état de conscience. Selon la physique quantique, *nous pouvons modifier notre réalité, selon la conscience que nous en avons.* Par conséquent, en changeant d'état de conscience, nous nous donnons la possibilité de changer notre regard sur les situations comme sur les personnes, créant ainsi une ouverture sur des relations heureuses.

Mais attention, en Communication Créative, le résultat d'une action ne dépend pas de la volonté de votre ego, car être dans le vouloir à tout prix est plus souvent un frein qu'un moteur. Il est essentiel d'acquérir un état de conscience qui vous permet *d'accepter à l'avance tout résultat, quel qu'il soit.*

De même, la Communication Créative suppose de *ne pas être dans le jugement, ni dans l'accusation et de ne pas vouloir à tout prix avoir raison.* En cas de divergence dans nos désirs ou nos besoins, il convient de veiller à *exprimer son sentiment et son besoin, puis de faire une proposition concrète, réaliste et réalisable,* en faisant comprendre à l'autre que ce n'est pas à lui que nous disons non, mais à sa demande, afin qu'il ne se sente pas rejeté.

Par exemple, au cas où votre ami(e) ou votre conjoint vous demanderait d'aller avec vous au restaurant et que vous n'en avez pas envie ce jour-là, dites-lui : « Tu sais, c'est seulement ta proposition qui ne me convient pas aujourd'hui. Voilà ce que je te propose : ce soir, tu regardes la télé avec moi, puisque ton envie me semble d'abord d'être en ma compagnie, et demain soir, je te promets que nous irons au restaurant ? Cela te va ? »

Il s'agit ici d'une attitude aimante d'affirmation tranquille, non réactive et par conséquent d'une communication créative, car elle va créer détente et harmonie au lieu d'une *réaction d'opposition, de non-dit, de soumission ou de fuite,* qui sont les principales formes de réaction.

***Communication créative** = lâcher-prise + attitude bienveillante + action juste = paix intérieure, bien-être, gain d'énergie, efficacité, liberté*

En fait, notre bonheur dépend beaucoup de notre attitude, face à une situation donnée. Plus l'attitude est bienveillante, aimante envers soi et les autres, dans l'acceptation totale de ce qui est, plus elle aura un impact positif sur la qualité de notre vie. C'est pourquoi j'ai choisi une douzaine *d'attitudes bienveillantes*, qui m'ont semblé être les plus importantes pour notre bonheur et celui des autres. Quelles sont donc ces attitudes ?

III

Les 12 attitudes-clés du bonheur

1. Être responsable

Que veut dire se comporter en personne responsable ? *C'est assumer pleinement les conséquences de nos choix, de nos pensées, nos paroles, nos émotions et nos actions*, aussi bien avant l'évènement qu'après. Bien entendu, tout ceci est influencé par nos conditionnements socioculturels, notre éducation et notre histoire personnelle, mais qu'importe, *notre responsabilité est totale*. En effet, comment allez-vous pouvoir assumer pleinement ce que vous vivez, si vous partez du principe que votre responsabilité n'est que partielle ? Dans ce cas, vous allez sans doute attendre de l'autre ou de la société, par exemple, qu'il assume sa part de responsabilité et bien entendu, vous attendrez qu'il fasse le premier pas. Comme chacun attend la même chose, vous allez attendre longtemps. Il est donc beaucoup plus constructif de ne pas s'occuper de ce que vous pensez être la part de l'autre et d'assumer la totalité de la responsabilité. Cela demande un peu d'humilité, mais croyez-moi, le résultat en vaut la peine.

Par contre, *vous n'êtes pas responsable des émotions de l'autre*, même si c'est vous qui les avez déclenchées. L'autre peut toujours faire un autre choix que de se mettre dans un état émotionnel, sachant que chacun réagit différemment devant une même situation, en fonction de sa personnalité et de son vécu. *Vous n'êtes que le déclencheur de son émotion*, vous n'en êtes pas pour autant responsable. Cela ne veut nullement dire qu'il faille s'en laver les mains, cela veut seulement dire que vous ne devez pas vous sentir coupable, ce qui créerait une émotion polluante de votre côté. Vous pouvez par contre ouvrir votre cœur et éprouver de la compassion pour sa souffrance ou son mal-être. Bien comprendre cette notion de responsabilité, que *nous confondons trop souvent avec la culpabilité*, vous évitera d'en vouloir à la personne qui a déclenché votre émotion, car vous saurez qu'elle n'en est pas responsable. Si vous avez blessé une personne en répondant négativement à sa demande, peut-être avez-vous réveillé une ancienne blessure mal cicatrisée, mais cela appartient à son histoire personnelle. Simplement, veillez à ne pas appuyer inutilement sur ce type de blessure, si vous la connaissez ! De plus, l'émotion sera grandement diminuée si vous avez su expliquer pourquoi vous ne souhaitez pas répondre favorablement à la demande.

Nous sommes totalement responsables de nos émotions, mais pas de celles des autres.

Vous comporter en *personne responsable vous évite de vous victimiser, de vous apitoyer sur vous-même.* Si j'éprouve un mal-être, j'assume, je sais que cela relève de ma responsabilité, quelle que soit la situation, aussi dérangeante soit-elle. Si j'ai été licencié pour une raison que j'estime injuste, je ne suis pas nécessairement responsable de ce qui arrive dans ma vie mais je suis totalement responsable de l'attitude que je vais adopter par rapport à la situation et du regard que je porte sur elle. Est-ce que je vais me révolter ? Est-ce que je vais m'effondrer et déprimer ? Est-ce que je vais démissionner, penser que je ne retrouverai pas de travail ou est-ce que je vais fuir dans l'alcool, la télévision ou encore passer mes journées au lit sous la couette ? Ou bien est-ce que je vais choisir une attitude responsable qui consisterait à accepter ce qui est dans l'instant et à profiter de cette situation pour faire le point sur moi et sur ma carrière, par exemple en faisant un bilan de compétences ?

À quels moments sommes-nous irresponsables ?

– Lorsque nous entretenons des pensées ou des paroles qui nous polluent ou polluent les autres, comme par exemple des jugements, des critiques, des interprétations erronées ;

– lorsque nous sommes dans le déni ou la non-acceptation de ce qui est ;
– lorsque nous avons conscience de polluer notre environnement et que nous le faisons quand même ;
– lorsque nous faisons porter notre responsabilité aux autres ;
– lorsque nous donnons des conseils que nous ne suivons pas nous-mêmes.

Ce ne sont là que quelques exemples.

→ *Application*

Amusez-vous à dresser la liste des situations courantes de votre vie où vous n'assumez pas votre responsabilité et regardez-en les conséquences éventuelles, pour vous d'abord, puis pour l'autre ou les autres, sans vous juger. Votre responsabilité consistera alors à rectifier votre attitude dans ces situations. Demandez-vous comment vous pourriez assumer votre responsabilité dans ces situations, puis faites-le.

La non-responsabilité se traduit le plus souvent par l'application de la **loi dite « action-réaction »** (voir *Le Principe LOL2A*, de René Egli, Éditions d'Olt) : *toute action entraîne une réaction contraire d'égale intensité*. Elle peut également se formuler par l'adage : *nous récoltons ce que nous semons.* Si vous critiquez régulièrement vos amis, ne vous étonnez pas qu'ils vous tournent le dos ou qu'ils vous critiquent eux-mêmes ! Action-réaction. Voyez-vous l'influence de cette loi sur notre vie ? En tenir compte à chaque instant fait aussi partie de notre responsabilité.

De la même façon, *nous sommes responsables des pensées que nous émettons*, car chaque pensée voyage dans l'espace et influence la pensée collective. Lorsqu'un grand nombre d'individus se met à penser que nous allons connaître une pénurie de sucre, par exemple, ces mêmes pensées forment ce que l'on appelle un égrégore[2] et vont avoir tendance à se concrétiser dans le monde manifesté, donc à provoquer une réelle pénurie qui, jusqu'alors, n'existait que dans la pensée de ces personnes. C'est d'ailleurs ce même phénomène qui influence fortement les cours de la Bourse. D'où l'importance de *veiller à la qualité de nos pensées* – c'est un acte responsable – et d'entretenir de préférence des *pensées positives.*

2. *Être positif*

Être *positif, c'est voir le meilleur en toute chose.* Il y a en effet du positif dans toute situation, même la plus souffrante et c'est cela qu'il convient de regarder, plutôt que de se plaindre. Ma maladie m'a permis de mieux comprendre la souffrance des autres et de développer ma compassion. Ma dernière relation sentimentale m'a

---

[2] Un égrégore est une entité produite par un puissant courant de pensées collectives.

appris l'impermanence et la non-attente, même si elle n'a pas abouti au résultat espéré.

➥ *Application*

Pouvez-vous penser à quelques situations dérangeantes de votre vie présente ou passée et regarder quelle est la face positive de ces situations ? Voyez comme cela change tout, ces situations deviennent tout à coup beaucoup plus acceptables. Entraînez-vous à le faire, chaque fois que quelque chose vous dérange.

Une autre façon d'être positif est de *reconnaître la nature impermanente de toute chose.* Lorsque j'ai particulièrement mal, j'aime à me dire : « cela aussi passera ». Ma douleur reste présente mais je peux la vivre mieux, car je sais qu'elle cessera à un moment ou un autre. Tout passe.

En application de la *loi universelle d'attraction*, toute pensée négative tend à attirer à nous et autour de nous des situations désagréables. Nous pouvons donc en déduire qu'inversement, *toute pensée positive tend à attirer à nous des situations plaisantes.* D'une certaine manière, *nos pensées influencent notre réalité.* Si nous pensons que la vie est difficile, cela risque bien de devenir notre réalité ; mieux vaut donc penser le contraire, à condition, bien sûr, d'y croire. Pour cela, utilisez des *affirmations positives.*

La nature de nos pensées contribue à créer notre réalité, l'extérieur étant le reflet de l'intérieur. Tout dépendra de la conscience que nous avons de cette réalité et du regard que nous portons dessus, car le changement de regard modifie l'expérience.

Les affirmations positives peuvent aussi être utilisées pour *inverser vos croyances erronées*[3], lorsque vous en avez conscience. Par exemple, si vous pensez que vous n'avez pas de chance, remplacez cette pensée par « la chance me sourit de plus en plus ». C'est ce que nous appelons des « pensées semences ». Veillez seulement à ce que vos affirmations soient réalistes et réalisables et exprimez-les de préférence *au présent, comme si c'était déjà réalisé*, en évitant les négations. C'est de cette façon qu'elles seront vraiment efficaces. Vous pouvez les écrire aussi souvent que possible ou tout simplement les énoncer mentalement, en vous concentrant. Vous en renforcerez l'impact si vous les accompagnez *d'images mentales*, en visualisant le résultat que vous souhaitez atteindre, ou bien encore en exprimant à l'avance de la *gratitude* à la Vie. C'est une attitude que nous avons rarement, tellement nous sommes habitués à ne remercier qu'après avoir reçu. Cependant, je vous conseille vivement d'éviter autant que possible les attentes fortes et de rester dans l'acceptation que le résultat ne soit pas exactement celui que vous espériez, ce qui suppose, bien entendu, de lâcher prise.

---

[3] Une croyance peut être considérée comme erronée, si elle s'avère être non bénéfique pour nous ou pour la collectivité.

➥ *Application*

Voici un exercice extrêmement efficace. Posez-vous par écrit la question suivante : **quelles sont mes pensées et mes croyances à propos de**...

- la vie en général, ma vie, la Vie en tant que source de tout ce qui est ?
- l'amour, la vie affective, l'Amour universel ?
- moi-même, les autres, le couple ?
- le bonheur, l'argent, etc., tout ce qui me tient à cœur ou me pose problème ?

Puis répondez (sincèrement et spontanément) à cette deuxième question : **mes croyances sont-elles bénéfiques pour mon bien-être, mon bonheur, ma croissance spirituelle ?** Posez-vous la question pour chacune de vos croyances.

Si oui, gardez-les. Si vous ne savez pas, reposez-vous la question plus tard. Si la réponse est non, remplacez votre croyance – vraisemblablement erronée – par une croyance bénéfique pour vous et essayez de poser un acte correspondant à votre nouvelle croyance, même si c'est un tout petit pas.

Il existe une attitude bienveillante qui peut vous rendre de très grands services dans votre approche du bonheur, c'est *l'écoute profonde*. Nous n'avons généralement pas appris à écouter en profondeur, c'est-à-dire avec notre cœur plutôt qu'avec nos oreilles, ce qui fait que nos interlocuteurs ne se sentent pas toujours entendus et compris.

3. *Écouter profondément*

Écouter profondément, c'est écouter avec son cœur, en étant totalement présent à l'autre, sans être distrait par des pensées parasites, sans penser à ce que nous allons répondre. Lorsque j'écoute en profondeur, je suis là pour lui, je suis là pour elle. C'est une écoute compatissante, *c'est essayer de comprendre l'autre comme il se comprend, lui,* et non comme moi je le comprends, avec mon mental limité, mes jugements, mes interprétations. C'est donc une compréhension du cœur, aimante, bienveillante.

Supposons que l'une de vos amies, en souffrance, vienne se confier à vous. La plupart du temps, elle ne cherche pas un conseil, elle souhaite seulement être écoutée et entendue dans sa souffrance, c'est-à-dire comprise. N'oubliez pas que s'il y a une demande, il y a un besoin derrière, pas nécessairement formulé. Si vous vous contentez d'écouter la personne avec vos oreilles ou si vous l'inondez de conseils, même avisés, elle aura le sentiment de n'avoir pas été entendue et repartira frustrée, avec le même mal-être qu'en arrivant chez vous. Votre écoute aura été inutile et peut-être même nuisible. De plus, si vous n'êtes pas totalement disponible pour elle et pensez à autre chose ou ne donnez votre écoute que par politesse, ou pour ne pas déplaire, vous ne serez pas présent(e) et votre amie le sentira. Vous n'avez pas vraiment écouté. Cependant, si vous n'êtes pas disponible ou si vous n'êtes pas en état psychiquement ou physiquement d'être présent(e) à l'autre, vous avez parfaitement le droit de le lui dire : « Tu sais, tout de suite je ne me sens pas en état de t'écouter profondément, ce ne serait pas te rendre service, alors, si tu veux bien, reviens me voir dans la soirée, là je suis sûr(e) d'être vraiment à ton écoute, avec mon cœur. Tu veux bien ? »

> *Vous avez le droit de refuser d'écouter une personne, même en souffrance, si vous ne le sentez pas ou tout simplement parce que vous n'êtes pas en état d'écouter profondément. Dans ce cas, proposez une alternative pour éviter de blesser l'autre.*

❧ *Comment écouter profondément ?*

– *Rendez-vous totalement disponible.* Si vous écoutez en faisant autre chose, vous n'êtes pas présent. Donc si n'êtes pas en situation d'écouter profondément, mieux vaut proposer un autre moment.
– *Laissez la personne parler jusqu'au bout*, sans l'interrompre.
– *Regardez-la dans les yeux*, avec empathie.
– *Mettez vos pensées, vos soucis et préoccupations de côté*, ainsi que vos réactions intérieures. Ils pollueraient l'écoute.
– *Écartez tout jugement, à priori ou interprétation* et ne cherchez surtout pas une solution pour l'autre, cela lui appartient.
– *Évitez de donner un conseil.* La personne qui a envie de se confier a seulement besoin d'être entendue dans sa souffrance.

– *Soyez très attentif à l'intériorité*, à ce que l'écouté ressent (« je suis en colère, je suis anxieux… »). Au besoin, encouragez-le à exprimer ses sentiments, afin de le libérer. Nous avons en effet tendance à parler davantage en termes d'extériorité, à ne parler que des faits. Or ceux-ci ne traduisent pas nécessairement la véritable préoccupation de la personne, encore moins son vrai besoin et le risque d'interprétation est grand. La manière dont la situation relatée est vécue par l'autre est plus importante que la situation elle-même. Si je dis « ma femme est sortie toute la soirée sans explications », c'est un fait, mais si je précise « je suis inquiet, j'ai peur qu'elle ne me trompe », je traduis mon intériorité, mon sentiment du moment et cela renseigne davantage l'écoutant.
– *Essayez de comprendre l'autre comme il se comprend lui-même* et non comme vous le comprenez, vous. Dans mon exemple précédent, il ne sert à rien de lui dire « tu te fais des idées, c'est de la jalousie de ta part », car cela ne va pas le rassurer. Respectez sa vision sur la situation, même si vous pensez qu'il a tort.
– *Prêtez une grande attention aux gestes et aux expressions du visage* de votre interlocuteur, ainsi qu'à la position de son corps. Le non-verbal renseigne souvent davantage que les mots exprimés.
– Enfin, *reformulez avec le cœur ce qui vous a paru essentiel pour lui*, en reprenant quelques mots ou expressions utilisés par lui. Vous pourrez ainsi vérifier s'il s'est bien senti entendu.

→ Application

Quand quelqu'un vous parle, entraînez-vous à différencier les faits relatés et l'intériorité de la personne, ses sentiments ; essayez de repérer les pensées parasites qui peuvent surgir pendant votre écoute et mettez-les de côté ; notez mentalement les mots ou expressions qui vous ont paru essentiels pour l'autre ; reformulez, pour vérifier qu'il s'est bien senti entendu.

Si votre interlocuteur s'est senti entendu, il se sentira en confiance et repartira soulagé, détendu, même si sa problématique n'a pas été résolue pour autant. De votre côté, vous éprouverez sans doute une grande satisfaction d'avoir pu l'aider et votre *confiance* en vous s'en trouvera renforcée.

4. *Avoir confiance en soi, en l'autre, en la vie*

Il existe plusieurs niveaux de confiance : le niveau le plus bas est *l'espoir* (j'espère obtenir ce poste, mais je n'en suis pas certain) ; le deuxième niveau est *la croyance* (je crois que je vais obtenir ce poste, mais je n'en suis pas certain) ; le troisième niveau de confiance est *la certitude* (je suis certain d'obtenir ce poste) ; le niveau de confiance le plus élevé est *la conviction* (je suis convaincu que, quelque soit le résultat, cela s'avérera être ce qu'il y a de mieux pour moi en définitive).

Ce dernier niveau de confiance exige un grand lâcher-prise. Nous retrouvons là un des atouts majeurs du lâcher-prise. La confiance absolue, beaucoup plus rare, suppose d'accueillir à l'avance totalement et sans restrictions ce qui se présentera à nous, avec la conviction que ce qui arrive est ce qui est parfait pour nous à ce moment-là. C'est *l'abandon total à la vie et à la providence.* Cela exige une grande foi, la « foi du charbonnier ».

La *confiance en soi* dépend de l'image que nous avons de nous-mêmes. Cette image est souvent mise à mal par notre éducation, nos conditionnements socioculturels, le regard des autres et surtout par notre vécu, notamment les expériences que nous considérons comme des échecs. Ce que nous pensons sur nous-mêmes ou ce que nous croyons que les autres pensent à notre sujet peut aussi altérer négativement l'image que nous avons de nous, en particulier lorsque nous nous identifions à notre ego, à notre personnalité. Par exemple, « je suis quelqu'un qui n'a pas de chance, rien ne me réussit, donc je ne vaux rien ». C'est dans l'enfance que se construit la confiance ou la non-confiance en nous-mêmes. Or, si nous manquons de confiance en nous, ce qui est fort fréquent, nous allons attirer à nous les situations correspondantes qui viendront justifier notre croyance et donc l'alimenter par nos pensées. Notre physique peut également être un élément clé, selon le regard que nous portons sur lui (je suis trop gros, trop maigre...).

La *confiance en l'autre* est un choix que nous faisons ou pas, mais elle est rarement absolue, nous restons souvent avec un doute, une certaine méfiance, surtout si nous avons placé notre confiance dans une personne proche et que cette confiance a été trahie. C'est pourquoi elle ne doit pas être accordée aveuglement, mais avec discernement : c'est ce que nous appelons la *confiance réfléchie.*

Le degré de notre confiance dépend du niveau de notre lâcher-prise.

Comment développer notre confiance ?

- *En apprenant à lâcher prise* : l'acceptation de ce qui est et de ce qui peut arriver nous libère de la peur et du doute ;
- *en apprenant à mieux nous aimer* : modifier positivement l'image que vous avez de vous-même, vous désidentifier de votre ego et de la forme en général vous y aideront. Plutôt que de penser que vous n'avez pas de chance, dites-vous qu'il y a en vous un potentiel de chance et de réussite qui ne demande qu'à émerger ;
- *en « arrosant les graines de confiance »* qui sont nécessairement en vous, car rien n'existe sans son contraire ;
- *en posant l'action contraire*, lorsqu'une démarche particulière vous fait reculer, par manque de confiance. « Just do it » ! Faites-le immédiatement !

– *en vous concentrant le plus possible sur l'instant présent* : ainsi, vos pensées ne sont pas dirigées vers le passé ou le futur, la peur est alors absente ;
– *en changeant votre regard sur la vie*, en la voyant belle et généreuse plutôt que difficile et surtout en acceptant de ne plus vous considérer comme séparé de tout ce qui est, car tout « inter-est » ;
– *en étant pleinement convaincu que rien n'est impossible,* car le pouvoir créateur de l'Esprit est illimité ;
– *en pratiquant des activités créatives* comme le théâtre, le chant, la prise de parole en public, notamment.

➥ Application

Faites la liste de tous les actes que vous avez du mal à poser, par manque de confiance ; prenez conscience que vous avez en vous les « graines » de confiance nécessaires, puis « arrosez-les », en vous entraînant à poser l'action contraire. Par exemple, si vous n'osez pas prendre la parole dans un groupe, faites-le, au départ, avec seulement quelques personnes et vous constaterez vraisemblablement que vous en êtes capable. Ce faisant, votre confiance en vous grandira.

Si vous vous entraînez régulièrement à vivre consciemment *le moment présent*, ce qui a pour effet de vous libérer des pensées parasites, vos peurs diminueront et vous accéderez plus facilement au bonheur.

Rappelez-vous toujours que votre bonheur dépend pour une grande part de la relation que vous entretenez avec votre moment présent !

5. Vivre l'instant présent en pleine conscience

Il n'y a que le présent

Que signifie concrètement « vivre l'instant présent en pleine conscience » ? C'est simplement *être totalement concentré sur ce que nous faisons, pensons, disons et voyons, sans que notre mental soit dirigé sur notre passé ou notre futur*, sans être distrait par des préoccupations ou des soucis. De cette façon, nous pouvons être parfaitement sereins et détachés. Nos peurs également s'estompent, car la concentration sur le moment présent les éloigne, les peurs psychologiques provenant généralement du mental, donc de nos pensées et nos émotions.

En fait, *il n'y a rien d'autre que le présent*, le passé n'étant plus là, si ce n'est dans nos souvenirs, et le futur n'étant pas encore là. D'ailleurs, lorsqu'il apparaîtra dans notre vie, ce sera alors notre moment présent, comme l'était notre passé au moment où il s'est produit. C'est pourquoi nous disons souvent que notre présent est fait de notre passé et qu'il conditionne la qualité de notre futur. C'est donc sur lui qu'il convient d'agir et, si ce n'est pas possible, de changer le regard que nous portons sur lui.

Vivre l'instant présent en conscience est une véritable thérapie

C'est en effet rarement le présent qui nous fait souffrir (arrêtez-vous un instant sur votre lecture et demandez-vous si vous êtes mal en ce moment-même, il y a de fortes chances que non), mais plutôt le regard que nous portons sur lui et notre difficulté à accepter ce que nous vivons, lorsqu'il s'agit de vécus désagréables. J'ai aussi constaté à maintes reprises que mes douleurs diminuent fortement, lorsque je suis très présent à ce que je fais, surtout s'il s'agit de moments très agréables, très joyeux. Dans ces moments-là, c'est comme si le temps s'arrêtait, comme si je vivais hors du temps et de l'espace et je me sens alors profondément heureux, totalement en paix, car il n'y a plus ni passé ni futur, le mental est au repos, bien que je sache que c'est éphémère. La concentration sur l'instant présent est un moyen thérapeutique très efficace et de plus en plus utilisé pour lutter contre le stress et la dépression (*Mindfullness Based Cognitive therapy*[4]).

> *Vivre en pleine conscience le moment présent nous libère de nos peurs et allège nos souffrances. C'est pourquoi il est souvent dit que « le présent est un cadeau ».*

[4] La MBCT est une thérapie cognitive basée sur la pleine conscience, utilisée comme prévention de la rechute dépressive.

Être présent nous aide à lâcher prise

Dans le chapitre sur le lâcher-prise, nous avons vu que celui-ci passait nécessairement par un *arrêt sur l'instant présent*, ce qui permet de nous libérer de nos pensées parasites, pendant que nous nous concentrons sur notre respiration et nos sens. Bien entendu, cet exercice est à renouveler chaque fois que ces pensées ou les émotions qui les accompagnent reviennent, en réduisant du même coup leur intensité. Nous pouvons aussi nous concentrer sur la nature de nos pensées et émotions, afin de vérifier si elles ne parasitent pas notre bien-être et de les éradiquer si possible, mais en veillant bien à ne pas nous appesantir dessus, ce qui ne ferait que les alimenter et freinerait le lâcher-prise.

Quelle relation entretenons-nous avec le moment présent ?

Voici une question tout à fait capitale que nous pouvons utilement nous poser à tout moment. Eckhart Tolle, dans son livre *Nouvelle Terre* (Éditions Ariane, page 170), nous dit que nous considérons parfois le moment présent comme *un moyen d'arriver à une fin, un obstacle ou un ennemi,* ce qui entraîne un dysfonctionnement dans la relation que nous entretenons avec la vie, puisque le moment présent, c'est la vie. C'est pourquoi il nous invite à *considérer l'instant présent comme un ami et de l'accepter tel quel,* qu'il soit agréable ou non. Repérer la relation dysfonctionnelle, c'est déjà être dans un état de conscience éveillé et se donner la possibilité de faire un autre choix qui nous ouvrira au bonheur. Maintenant, essayez de répondre à la question suivante : « Ce que je vis actuellement est-il pour moi un moyen d'arriver à une fin, un obstacle à ce que j'ai envie de vivre ou bien un ennemi ? Ou au contraire, ma situation actuelle n'est-elle pas une amie précieuse placée sur ma route pour éveiller ma conscience et, finalement, contribuer à mon bonheur ? » Posez-vous cette question aussi souvent que possible et en toutes circonstances, cela vous aidera à devenir davantage présent et, par conséquent, plus conscient. Laissez le moment présent être ce qu'il est, sans y résister et vous verrez votre vie se transformer, au moins intérieurement et, par extension, extérieurement.

Techniques pour vivre en conscience l'instant présent

J'ai appris ces techniques lors de quelques séjours dans un centre bouddhiste zen (villagedespruniers.net) et je dois reconnaître qu'elles m'ont été et me sont toujours extrêmement profitables. Parmi celles-ci, citons :

- *la respiration consciente*, qui consiste à prendre conscience de son inspir et de son expir, en suivant le mouvement de l'abdomen, ce qui entraîne une libération de nos pensées parasites et par conséquent une détente mentale et émotionnelle ;
- *la méditation assise*, qui est une pratique d'immobilité physique et mentale, bien connue des personnes qui pratiquent le yoga ou la relaxation ;

– *la méditation marchée*, de préférence en reliance avec la nature, dans une marche silencieuse et lente faisant appel à toutes nos perceptions sensorielles ;
– *la créativité*, notamment artistique, que ce soit la peinture, la sculpture, la musique, le chant ou la danse. Personnellement, je pratique la peinture et le chant et je peux vous assurer qu'aucune pensée extérieure ne vient me perturber pendant ces activités, qui sont un vrai bonheur ;
– *se laver les dents en conscience, se doucher, manger, faire la vaisselle ou repasser en pleine conscience.* En fait, toute activité faite dans la pleine conscience du moment présent (pour moi, c'est souvent la pêche à pieds et le jardinage) vous apporte une détente bénéfique à votre bien-être physique et psychique, car le mental n'a alors plus de prise sur vous. C'est d'ailleurs la raison pour laquelle il ne se complait que dans le passé ou le futur.

➥ Application

En marchant dans la nature, utilisez tous vos sens : observez la lumière ambiante, les couleurs, les formes de ce qui vous entoure, écoutez les bruits, humez les odeurs, touchez une plante, un arbre, soyez bien en contact avec votre environnement, en même temps qu'avec votre respiration. Puis observez ce que cela provoque en vous, l'état de paix profonde qui s'installe.

Une autre attitude essentielle à notre bien-être est *l'affirmation de soi.* Mais comment s'affirmer sans blesser l'autre ?

6. *Savoir s'affirmer sans réagir*

❧ *Le manque d'affirmation traduit un manque de confiance en soi et même d'amour de soi*

C'est généralement un phénomène qui prend sa source dans notre enfance mais aussi dans notre vécu, selon le regard que nous avons porté dessus. Il nous renvoie le plus souvent, là encore, à une blessure psychique que nous n'avons pas ou mal guérie et à l'image que nous avons de nous-mêmes ou que nous pensons que les autres entretiennent à notre égard, généralement à tort. Cela peut devenir un véritable handicap, en donnant de nous une image totalement déformée. Les personnes qui disposent d'un certain pouvoir utilisent parfois ce handicap à leur profit, car il est souvent considéré comme de la faiblesse. En tout état de cause, c'est le résultat d'un manque de confiance en nous-mêmes et donc un manque d'amour de soi, puisque nous nous jugeons inférieurs aux autres.

❧ *Savoir dire non sans blesser l'autre*

La plupart du temps, *une personne non affirmée ne saura pas dire non, par peur de déplaire, d'être jugée, rejetée ou bien encore abandonnée.* C'est en tout cas toujours la conséquence d'une peur. La personne s'évertue alors à tout prix à se montrer gentille, au risque de ne pas respecter ses propres besoins. Du même coup elle aliène sa liberté au profit de l'autre, qui ne lui en sera pas forcément reconnaissant. La Communication NonViolente met fort bien cette attitude déviante en évidence (voir l'ouvrage de Marshall B. Rosenberg, *Dénouer les conflits par la CNV*). En nous comportant ainsi, nous ne nous respectons pas et nous ne respectons pas l'autre, puisque nous l'induisons en erreur sur notre état d'être. Nous trichons avec nous-mêmes, en même temps qu'avec l'autre. Nous avons tous besoin d'être de temps à autre en opposition, pour affirmer nos différences et cela ne peut pas nuire, bien au contraire, à condition de savoir s'y prendre, de le faire de manière aimante, ce qui suppose de ne pas être en réaction.

Pourtant, il semble bien que, la plupart du temps, *une personne qui décide de s'affirmer, alors qu'elle était jusqu'alors dans la soumission, va le faire en réaction*, ce qui produit l'inverse du but recherché, toute réaction entraînant une réaction en face. « Tu m'ennuies, j'ai bien le droit de... » Réponse : « Si tu le prends comme ça, moi je... » Le « tu tue », affirme Jacques Salomé[5]. C'est un mélodrame assez répandu dans les couples aujourd'hui, les femmes n'étant plus, fort heureusement, aussi soumises qu'autrefois. D'autres personnes qui veulent à tout prix s'affirmer, cherchent à prendre toute la place, au lieu de simplement *prendre leur juste place.* La conséquence est tout aussi désastreuse.

---

[5] Psychosociologue et écrivain, fondateur de la méthode E.S.P.E.R.E.

Alors, comment faire, me direz-vous, si vous ne trouvez pas juste d'accéder à la demande de l'autre ? Et bien, je vais sans doute vous surprendre, *il convient d'abord de lui dire oui*. Non pas *oui à sa demande* mais *oui à son besoin*, ce qui est très différent. « Oui, j'entends bien ta demande, je comprends ton besoin ou ton désir et en même temps je ne peux te donner satisfaction aujourd'hui, parce que… (là, il est essentiel d'expliquer pourquoi, sans pour autant se justifier) et je te propose… (par exemple d'y répondre demain ou un autre jour où je serai plus disponible pour toi) ». Voyez-vous la différence avec un « non » brutal qui risque d'entraîner un sentiment de rejet chez l'autre et donc de le blesser ? C'est prendre le risque d'aller tout droit au conflit.

Apprendre à s'affirmer, c'est apprendre à dire non, de manière aussi aimante que possible, sans être en réaction à la demande de l'autre, en étant à l'écoute de son besoin et de ses sentiments, en donnant les raisons de son « non » et en restant dans l'ouverture pour une autre proposition.

→ *Application*

Lorsque vous voulez dire non, entraînez-vous à dire oui en premier lieu : oui au besoin de l'autre, pour montrer que vous avez bien entendu son besoin (s'il est exprimé, sinon le faire exprimer), non à sa demande, du moins pour l'instant, et faites une proposition satisfaisante pour les deux parties. Vous verrez alors que tout s'arrange, dans une bienveillance mutuelle.

Mais bien entendu, soyez patient, car un tel changement d'attitude demande un certain entraînement et, de plus, peut surprendre l'autre et le désarçonner. *La patience* est une vertu à cultiver, pour être heureux.

7. Cultiver la patience

La patience, c'est laisser le temps au temps

C'est accepter de laisser les évènements arriver (j'ai pris l'habitude de dire que les évènements arrivent dans ma vie, plutôt que de dire qu'ils m'arrivent, de ce fait ils sont plus légers), sans exiger que ce soit au moment qui nous convient. En effet, toute déception à cet égard va entraîner chez nous un mal-être, une déception ou une frustration et donc nuire à notre bonheur. Ce qui est « est », c'est ainsi et nous ne pouvons rien y changer, du moins dans l'instant, et vouloir précipiter les choses nous conduit la plupart du temps à une impasse. Nous ne sommes pas maîtres du temps ! À noter aussi que l'impatient est rarement ponctuel, arrive souvent en retard à ses rendez-vous… pour ne pas avoir à attendre, précisément.

Cultiver la patience, plutôt que lutter contre l'impatience

J'ai longtemps lutté contre mon impatience, vainement, jusqu'à ce que je comprenne que cela ne faisait qu'alimenter mon impatience. Plus je luttais contre elle, plus elle grossissait, ce qui aujourd'hui me paraît tout à fait normal, puisque contraire au lâcher-prise. En réalité, comme je l'ai déjà précisé, tout impatient a en lui des « graines de patience » qui n'ont pas encore germé, faute d'avoir été « arrosées ». C'est pourquoi je dis toujours qu'un défaut (ou ce que nous considérons généralement comme un défaut) n'est jamais qu'une qualité qui n'a pas encore été développée... Bien sûr, il y a un peu d'humour dans mon affirmation, mais cela change tout dans le regard que nous portons sur la question. Je me suis donc mis en quête de développer cette patience qui sommeillait en moi, à l'aide de quelques « moyens habiles », comme, par exemple, me concentrer sur ma respiration, observer sans juger mon environnement immédiat, lire un ouvrage intéressant dans les salles d'attente, chanter dans les bouchons de la circulation et surtout accepter mon impatience provisoire, changer mon regard sur elle et, élément essentiel, ne pas m'identifier à elle, en me collant une étiquette « je suis un impatient », ce qui n'arrange rien et ne favorise pas le changement d'attitude. Il n'y a donc pas lieu, je vous rassure, de « travailler » sur votre impatience mais plutôt de vous débarrasser d'un « vêtement encombrant » qui nuit à votre bien-être, en posant des actes de patience. Mais attention à ce que ces actes soient plaisants pour vous et non une contrainte !

L'impatience est une émotion de peur, généralement de ne pas exister et c'est en cessant de nous identifier à elle que nous pouvons l'éradiquer : nous ne sommes pas cette impatience !

➥ ***Application***

Dans toute situation d'attente qui sollicite votre patience, faites en sorte de vivre pleinement l'instant présent, soyez attentif à votre respiration et lâchez votre mental autant que possible. Vous verrez alors votre impatience diminuer progressivement.

L'impatience porte atteinte à notre liberté. Or cette *liberté* est fondamentale pour vivre heureux.

8. Être libre et laisser l'autre libre

Qu'entend-on par « être libre » ?

Être libre, ce n'est pas faire ce que l'on veut quand on veut. C'est d'abord *être détaché de la forme et de toute dépendance,* affective ou matérielle, addictions et habitudes routinières. Dès qu'il y a attachement, il y a perte de liberté, car nous avons peur de perdre ce à quoi nous sommes attachés. C'est notamment le cas pour les dépendances affectives, qui nous empêchent d'exister par nous-mêmes et conduisent fréquemment à la séparation, l'autre ne pouvant supporter longtemps le poids de cette dépendance qui l'enferme dans une sorte de prison. L'attachement excessif à la forme (possessions, carrière, famille…) est d'autant plus un obstacle à notre liberté qu'il est par nature un non-sens, puisque tout est éphémère dans le monde de la forme, appelé à disparaître et de toute façon à changer. C'est par conséquent une grande source de souffrance.

Il en va de même en ce qui concerne *l'attachement excessif aux idées et aux convictions*, lorsque cet attachement nous pousse à l'intolérance et porte atteinte à la liberté des autres. C'est le cas du fanatisme religieux, d'où qu'il vienne. Nous avons vu aussi que l'incapacité à s'affirmer nuit également à notre liberté, ainsi que les pensées ou les émotions parasites récurrentes. Lorsque le mental prend le pouvoir, c'est notre propre pouvoir que nous perdons, ce qui engendre fréquemment des peurs. *Ce n'est donc qu'en l'absence de peurs que nous pouvons nous dire totalement libres,* ce qui est excessivement rare et me donne à penser que la liberté totale n'existe pas dans le monde manifesté, à moins d'être libéré de son ego et de n'avoir aucune attente, dans quelque domaine que ce soit. En fait, *seuls l'acceptation totale de ce qui est et le lâcher-prise peuvent nous rendre libres.* Mais être libre suppose aussi de laisser les autres libres et de ne pas porter de jugements sur eux.

L'attachement excessif à la forme, nos dépendances, nos attentes et nos peurs sont un obstacle à notre liberté. L'acceptation et le lâcher-prise permettent de s'en libérer.

❧ *Laisser les autres libres*

Laisser l'autre libre, c'est ne pas porter de jugements sur ses choix, quels qu'ils soient, même si nous ne les approuvons pas. C'est trop souvent ce que nous faisons avec nos enfants ou nos conjoints (« ce que tu fais là est stupide… »). Bien entendu, si ces choix sont dommageables, il est de notre devoir d'exprimer notre désaccord, en en donnant la raison (« je n'approuve pas ton choix, car il me paraît hasardeux »).

Mais il conviendra toujours de rester à l'écoute des besoins de l'autre et de ses motivations, dans une attitude ferme mais respectueuse et bienveillante, sans porter atteinte à sa liberté, à moins que les circonstances l'exigent, par exemple pour des raisons de sécurité ou encore lorsque nous sommes dangereusement menacés. Par conséquent, nous voyons bien que cette notion de liberté a ses limites. Mais quoi qu'il en soit, l'intérêt majeur de respecter la liberté de l'autre, c'est d'éviter les effets indésirables de la loi action-réaction (toute action portant atteinte à la liberté des autres entraîne une réaction contraire qui se retourne contre nous).

❧ *Pas de liberté sans responsabilité*

Comment pouvons-nous prétendre être libres, si nous n'assumons pas les conséquences de nos choix ? Nous pouvons enfreindre la loi, mais en acceptant d'en payer le prix. Sinon, il s'agit d'un acte irresponsable. Bien des nations se prétendent démocratiques et championnes de la liberté, mais se comportent vis-à-vis d'autres pays de manière intolérante et parfois même agressive. Où est alors la liberté ? Dans le droit de l'exercer à notre profit et au détriment des autres ?

❧ *Où se situe notre libre arbitre ?*

C'est une notion délicate et très controversée, car elle échappe à notre intelligence rationnelle. Avons-nous réellement un libre arbitre absolu dans le choix de nos décisions ? J'avoue ne pas être en mesure de répondre à cette question de manière certaine. À chacun sa vérité mais je crois sincèrement que *nous avons toujours le choix de nos attitudes, face à ce qui arrive dans notre vie,* bien que cette affirmation soit relativisée par le poids de nos conditionnements socioculturels et notre vécu personnel. Souvent, certaines personnes se réfugient derrière la notion d'obéissance aux ordres ou de certains dogmes. Ce faisant, elles se privent de leur liberté, même si celle-ci a un prix difficile à assumer. Nous rejoignons là la notion de responsabilité.

➥ Application

Regardez si, dans votre entourage, vous respectez bien la liberté des autres, si vous portez fréquemment des jugements sur leurs choix et si vous avez des attentes excessives vis-à-vis d'eux. Regardez aussi à quel point vous êtes influencé par des conditionnements, des habitudes ou des perceptions erronées. Avez-vous des dépendances ? Assumez-vous les conséquences de vos choix ? Êtes-vous très attaché à la forme ? Faites cet examen sans vous juger et essayez de modifier vos attitudes, mais ne cherchez pas, toutefois, la perfection.

Respecter la liberté d'autrui implique, bien entendu, que nous soyons des êtres *tolérants*. L'intolérance est la négation même de la liberté.

9. *La tolérance est une manifestation de l'amour*

Être tolérant, c'est accepter les différences

Nous sommes tous différents, tant au niveau de la forme qu'au niveau de la personnalité et cette différence nous pousse à nous comparer aux autres, à les juger ou à nous juger, surtout lorsque la comparaison est à notre désavantage ou nous dérange. L'intolérance est particulièrement vraie en ce qui concerne les idées, notamment religieuses ou politiques, mais également les différences de couleur de peau, de nationalité, d'origine sociale, de caractère, d'âge, de sexe ou toute croyance à laquelle nous nous accrochons comme étant une vérité première. C'est cette intolérance qui conduit au racisme, à la discrimination, aux guerres et conflits de toutes sortes, entre nations ou entre personnes. Nos propres différences peuvent aussi nous pousser à entretenir une image négative de nous-mêmes, à être envieux ou jaloux et ceci, dès l'enfance. Nous cherchons à posséder ce que l'autre a et que nous n'avons pas ou croyons ne pas avoir. Pourtant, la plupart des gens se prétendent tolérants, ce qui se dément dès que les différences dérangent ou sont trop présentes. Nous avons tous, en effet, un « seuil de tolérance », au-delà duquel l'intolérance fait surface et divise. C'est ce qui se passe, par exemple, lorsqu'un quartier devient de plus en plus habité par des familles d'origine étrangère. Ce qui était toléré au début ne l'est soudain plus, du fait des différences de modes de vie, de pratiques religieuses ou même de coutumes vestimentaires. Il y a trop de dissemblances et ce n'est plus acceptable.

Les différences dérangent et divisent, alors que les ressemblances rassemblent.

Qu'en est-il dans notre couple et notre environnement familial, professionnel ou de voisinage ?

C'est dans la vie de couple que nos différences sont les plus difficiles à accepter, une fois le voile de la phase amoureuse dissipé : différences dans nos goûts, notre façon d'être, nos habitudes, nos idées, nos croyances, nos choix de vie, notre façon de gérer notre argent... Si nous ne prenons pas la précaution de développer notre tolérance, ces différences vont vite devenir des sources d'agacement, puis de conflits pouvant conduire à la rupture. En effet, *il existe aussi dans les couples un seuil de tolérance* et il conviendra de faire en sorte d'élargir de plus en plus ce seuil, sans pour autant tomber dans le piège de la soumission et encore moins dans celui de vouloir changer l'autre ou le manipuler, dans le but de l'amener là où nous le voulons, afin qu'il devienne plus conforme à nos attentes et à l'image que nous nous étions faite de lui au départ. Là encore, *la meilleure voie pour y parvenir est l'acceptation de l'autre tel qu'il est et le lâcher-prise sur nos attentes ou exigences.*

Il en est évidemment de même dans notre milieu familial ou professionnel, avec nos amis et nos voisins, avec cependant des conséquences généralement moindres sur notre vie quotidienne.

❧ *Nous ne tolérons pas chez les autres ce qui, en nous, nous dérange*

Nous le savons tous, *l'autre est un miroir et nous renvoie très souvent ce qui, en nous, nous dérange mais ne voulons pas reconnaître.* Par exemple, si je suis dérangé par le manque d'ordre de mon conjoint, cela pourrait bien indiquer que je manque d'ordre moi-même ou, au contraire, que je suis extrêmement maniaque. Le reconnaître nous incitera à être plus tolérants vis-à-vis des autres. Sans être une règle absolue, ceci reste valable, bien entendu, pour tous les jugements et critiques que nous portons sur les autres, tout simplement parce que nous les voyons à travers le filtre de nos projections. À l'inverse, si je suis une personne timorée et que j'en souffre, je peux être fortement dérangé par quiconque aime se mettre en avant, car il me renvoie une image négative de moi-même. Donc, faites bien attention à cet « effet miroir » ! Servez-vous en pour mieux vous connaître mais veillez bien à ne pas vous en servir contre l'autre (« Si tu es dérangé par mon impatience, c'est que tu es toi-même impatient et refuses de le voir ! »)

Alors, comment développer notre tolérance ?
Principalement *en nous entraînant à accepter les différences de l'autre* et, pour y parvenir, le plus simple me semble de *cesser de faire des comparaisons, de porter des jugements ou de considérer que nos croyances, nos idées, notre vision du monde et de la vie sont la seule vérité.* Par ailleurs, si nous *cessons de nous identifier à notre ego*, nous cesserons d'identifier les autres à leur propre ego, à leur personnalité. Méfions-nous aussi des apparences, des interprétations et des a priori, qui nous conduisent à l'intolérance ! La *prise de conscience de l'impermanence des choses* ne peut, là aussi, que nous inciter à plus de tolérance, non seulement envers les autres mais également envers nous-mêmes, puisque nous savons alors que rien ne dure et que tout est sujet à changement. Alors, pourquoi ne pas accepter ce qui est dans l'instant et modifier notre vision ? Essayons de

nous voir, certes différents, mais *comme non séparés et faisant partie d'un tout*, chacun de nous étant indissociable du tout et interdépendant. Alors, il y a fort à parier qu'il y aura davantage de tolérance dans ce monde, pour notre bonheur à tous.

➥ **Application**

Essayez de déterminer votre seuil de tolérance à la différence des autres, notamment de vos proches et entraînez-vous à dépasser progressivement les limites de ce seuil, par exemple en utilisant l'effet miroir ou bien encore en modifiant votre regard sur ces personnes.

La tolérance fait partie intégrante d'un *amour vrai et durable* et inversement : sans amour vrai, pas de tolérance.

10. S'aimer et savoir aimer

C'est quoi, au juste, aimer ?

Bien des personnes me disent « je ne sais pas réellement ce que c'est qu'aimer » et elles ont raison, parce que *personne ne nous a appris à aimer véritablement.* Quand nous parlons d'amour, nous pensons d'abord aux sentiments que nous éprouvons pour un être cher, un partenaire de vie, des enfants, des parents, des amis proches, parfois pour un animal ou la nature, plus rarement pour Dieu ou l'univers dans sa globalité. Quand nous disons à quelqu'un que nous l'aimons, il faut bien s'interroger sur le sens que nous donnons à ce mot, ce qu'il recouvre et en assumer les conséquences. Par exemple, lorsque nous sommes amoureux et que nous disons « je t'aime », ce « je t'aime » ne veut-il pas dire implicitement « aime-moi » ou « je t'aime si tu m'aimes », ou bien encore « je t'aime, aussi longtemps que tu me donnes ce que j'attends de toi » ? Notre amour part-il du plus profond de notre cœur ou de notre ego ?

Il existe en effet bien des formes d'amour : l'amitié (y compris l'amitié amoureuse), l'amour platonique, l'amour filial, l'amour amoureux ou romantique, la passion, l'amour égotique, l'amour altruiste, l'amour vrai, l'amour divin... Je ne traiterai ici que de l'amour sentimental, puis de l'amour véritable mais en fait il n'y a que l'Amour, se manifestant sous différentes formes. Si je devais donner une définition du mot « aimer », je choisirais celle-ci :

Aimer, c'est accepter l'autre tel qu'il est, dans sa globalité comme dans sa spécificité, avec un minimum d'attentes. C'est se reconnaître dans l'autre et reconnaître l'autre en soi. C'est aussi le laisser libre.

Peut-on apprendre à aimer ?

Sans aucun doute et j'en ai fait l'expérience, sur le tard il est vrai. Cela ne s'apprend pas dans les livres ni dans des stages, c'est seulement en ayant un fort désir d'y parvenir que l'on peut rendre l'expérience possible et le plus souvent dans des situations où l'amour n'est pas totalement partagé et donc exige de lâcher-prise et de se dépasser. En réalité, il n'y a rien à apprendre mais plutôt à « réapprendre », car l'Amour est notre nature véritable et par conséquent cette capacité à aimer vraiment est déjà présente en nous. La démarche consiste donc à faire en sorte de recontacter notre nature originelle, dans l'espace intérieur. C'est, me semble-t-il, la voie la plus directe, mais pas nécessairement la plus facile ! Nous aurons l'occasion d'y revenir.

Que se passe-t-il quand nous sommes amoureux ?
Parlant de l'amour amoureux, il est courant d'entendre dire « l'amour rend aveugle », sous-entendu « je ne vois pas l'autre tel qu'il est en réalité, je ne vois que ses qualités apparentes, celles qu'il veut bien me montrer... ». L'ego de chacun est en effet tellement voilé qu'il n'est pas possible de le voir clairement et même si c'était le cas, il est fort probable que nous n'en tiendrions pas compte, pour ne pas ternir l'image que nous nous faisons de l'être aimé. Mais posons-nous la question : si nous ne voyons pas la nature égotique de cette personne, que voyons-nous donc, si ce n'est, en fait, sa nature véritable, celle de son essence, qui n'est pas encore mise en lumière, mais qui est bel et bien présente en chaque être ? Et c'est peut-être là toute la beauté mystérieuse de l'amour amoureux, malheureusement ignorée le plus souvent. Mais si la vraie nature de l'être n'est pas reconnue en l'autre, l'unité

présente jusqu'alors va disparaître, les deux ego vont peu à peu se révéler et générer des peurs : « je ne te reconnais plus, tu n'es pas celui ou celle que j'ai aimé(e) au départ ». Une relation dysfonctionnelle risque alors de s'installer entre nos deux amoureux et l'amour va se transformer en amour égotique ou bien conduire directement à la séparation. De la fusion, nous allons passer à la confusion et à la division.

Dans l'état amoureux, nous voyons souvent chez l'autre l'image idéale que nous voudrions avoir de nous-mêmes. Nous fusionnons, nous pensons n'être plus qu'un, sous l'effet de la force d'attraction des deux énergies.

Après l'amour amoureux, vient l'amour égotique

Dans l'amour amoureux, il y avait don total des deux énergies. Je ne me pose pas de questions : « je t'aime, point barre, rien ni personne ne peut faire obstacle à notre amour et c'est pour la vie... Tu es l'être le plus merveilleux qui soit au monde... » Mais lorsque les ego se révèlent, tout change brusquement, avec l'impression d'avoir été « trompés sur la marchandise ». Le regard que chacun porte sur l'autre se modifie, les peurs s'installent. Du coup, *on ne donne plus, on prend, parfois même on exige.* L'amour devient conditionnel : « je t'aime si tu m'aimes, si tu réponds à mes attentes, si tu te plies à mes désirs, à mes habitudes et surtout... si tu changes ». Sans même s'en rendre compte, chacun va « pomper » l'énergie de l'autre, jusqu'à l'épuisement des partenaires et l'usure du sentiment amoureux. Dans certains cas, l'un des deux ou même les deux tenteront de chercher l'énergie qui leur manque auprès d'une autre personne, avec vraisemblablement le même résultat au bout d'un certain temps. En effet, les mêmes causes produisent toujours les mêmes effets. Le couple égotique est divisé, il n'est plus un, mais deux, deux personnes qui se vivent dans la séparation, sans se reconnaître l'une l'autre. La relation devient alors dysfonctionnelle.

L'amour égotique se caractérise par l'intolérance, les jugements, les critiques, l'absence d'écoute, l'attachement à vouloir toujours avoir raison, la possessivité, le reproche et l'accusation, pour ne citer que quelques exemples.

Peut-on passer d'un amour dysfonctionnel à un amour véritable ?

L'amour égotique qui est par nature dysfonctionnel, est l'occasion idéale de transmuter nos sentiments en un amour véritable. Mais **qu'est-ce que l'amour véritable**, me direz-vous ? Pour ce que j'en ai expérimenté, *c'est un amour sans attentes*, sans même l'attente d'être aimé en retour de la même manière ou avec la même intensité. Autant dire que la barre est haute !

L'amour vrai, c'est aussi *un amour inclusif, qui laisse l'autre libre* et lui ménage un espace suffisant pour qu'il puisse être lui-même, qui respecte ses besoins, ses goûts, ses désirs, ses idées et ses habitudes. C'est un amour fait de *compromis*, mais pas de compromissions, *qui accepte totalement l'autre dans ce qu'il est*, y compris dans ses facettes égotiques, sans pour autant tout accepter de l'autre. C'est *un amour qui donne, plutôt qu'il ne prend* et qui est fait d'amitié profonde, de complicité, de tendresse et de désir. C'est enfin *un amour qui se vit à trois, mais dans l'unité : l'un, l'autre et la relation, en unité avec tout ce qui est.* Cet amour-là n'émane pas de l'ego, de la peur mais de l'âme, du cœur, de notre être profond. Il n'est pas nécessairement totalement inconditionnel, car nous sommes des êtres humains, donc limités par notre nature humaine, mais il n'impose pas, il ne contrôle pas. *Il est partage et présence attentive, à l'écoute des sentiments et des besoins de l'autre*, dans la recherche de solutions satisfaisantes pour les deux partenaires.

L'amour véritable implique également une *communication aimante, créative*, non réactive et toujours *dans l'accueil de ce qui peut arriver* dans la relation. Ceci ne veut nullement dire qu'un couple partageant un tel amour ne traverse jamais de difficultés, mais il est capable de lâcher prise et d'ouvrir son cœur. Aimer vraiment, ce n'est pas seulement aimer avec son corps, ni même avec son cœur, c'est *aimer avec son âme*, avec la totalité de notre être. C'est une forme d'amour assez rare, un véritable don de Dieu, pourrait-on dire, auquel chacun peut prétendre, à condition d'y croire et de faire les pas nécessaires pour « aller vers », sans rien vouloir, simplement en laissant couler l'amour en soi. En effet, il me semble illusoire de prétendre à un amour véritable, si nous ne sommes pas capables de nous aimer nous-mêmes.

Aimer vraiment, ce n'est pas seulement aimer avec son corps, ni même avec son cœur, c'est aimer avec son âme, avec la totalité de son être.

Apprenons à mieux nous aimer

S'aimer, c'est s'accepter tel quel, non seulement tel que je suis aujourd'hui, mais aussi tel que j'étais dans la passé. C'est accepter toutes les parties de soi, d'ombre et de lumière. L'amour que nous nous portons dépend en effet de l'image que nous avons de nous-mêmes – ou avions de nous autrefois – et à laquelle nous nous identifions ou nous nous sommes identifiés dans le passé. *Tout va donc dépendre de l'identité que nous nous sommes construite,* qui est généralement une identification à la forme : corps, pensées, émotions, idées, possessions, profession, sexe, caractère, situation familiale, âge, santé…

Comment puis-je m'aimer si l'identité que je me suis construite est celle d'un homme timide, peu intelligent, pas trop bien fait de sa personne, qui ne mérite pas d'être aimé, qui n'a pas de santé ou pas de chance, pour ne citer que quelques exemples courants ? Mais *est-ce que cette personne-là est bien celle que je suis en réalité ?* Là est la vraie question à se poser. Tant que vous vous identifierez à la forme, il vous sera bien difficile de vous aimer – à moins d'avoir une image très égotique de soi-même, ce qui n'a rien à voir avec l'amour de soi. Donc prenez garde à ne rien mettre derrière le « je suis », qui donnerait de vous une image bien difficile à aimer. En réalité, il n'y a rien de réel à ajouter au « je suis », tout étant changeant et éphémère. Je suis, tout simplement, et cela suffit à me définir, pour m'aimer… comme je suis.

S'aimer exige également d'accepter de recevoir. J'ai souvent observé que les personnes qui ont du mal à s'aimer, c'est-à-dire à s'accepter comme elles sont, acceptent difficilement de recevoir des autres. Elles préfèrent généralement donner, soit parce qu'elles pensent ne pas mériter de recevoir, soit parce qu'elles croient ainsi pouvoir se faire aimer et donc recevoir des autres l'amour qu'elles ne se donnent pas à elles-mêmes.

> *S'aimer, c'est s'accepter tel quel. Cela exige également d'accepter de recevoir.*

→ *Application*

Regardez si vous acceptez facilement de recevoir ou si vous vous contentez de donner. Dans ce dernier cas, il est probable que vous avez quelques difficultés à vous accepter tel que vous êtes. Prenez alors l'habitude de recevoir librement des autres et observez ensuite comment vous vous sentez dans cette nouvelle attitude.

Quelle que soit notre conception de l'amour, aimer nous demandera toujours *d'ouvrir notre cœur* aussi largement que possible, tant pour recevoir son flux que pour le répandre autour de nous.

11. Ouvrir son cœur

Accueillir ce qui peut surgir à tout instant

Ouvrir son cœur, c'est déjà *être dans l'accueil de tout ce qui peut surgir dans notre vie à tout moment,* sans jugements, sans a priori, sans interprétations d'aucune sorte. Lorsque vous ouvrez votre cœur, vous vous abandonnez à la vie, vous créez en permanence un espace d'accueil à ce qui peut arriver. Vous accompagnez le flux de la vie, au lieu de le contrôler. Vous observez ce qui se passe en vous et autour de vous, en étant simplement témoin de ce qui est, en prenant acte, sans vous accrocher à un résultat quelconque. En fait, *vous vous ouvrez à l'inconnu*, au nouveau, en toute confiance, *sans attentes* particulières, *sans être dans le vouloir,* ce qui n'est pas toujours très aisé, j'en conviens, car les peurs ou les doutes peuvent émerger à tout instant. Cette démarche d'ouverture ne peut donc se faire qu'à partir du cœur, de l'espace intérieur et non à partir du mental, de l'ego qui aura toujours tendance à s'y opposer. D'où la nécessité, là encore, d'être dans l'acceptation de ce que la vie nous présente et dans le lâcher-prise.

Laisser un espace d'accueil

Ouvrir son cœur, c'est *créer une ouverture* pour trouver une solution aimante satisfaisante pour toutes les parties, dans le cas d'une situation conflictuelle. C'est, nous l'avons vu, savoir dire oui avant de dire non. C'est laisser en permanence un espace pour *accueillir l'autre dans ce qu'il est*, avec son côté ombre et son côté lumière, lui permettre d'exprimer ses sentiments et ses besoins, puis de faire une demande réaliste et réalisable, afin d'évacuer toute tension. C'est *laisser de l'espace à l'autre*, pour qu'il se sente libre. Quelle plus grande preuve d'amour peut-on donner à l'autre que de lui laisser cet espace pour respirer, pour exister par lui-même ?

> *Ouvrir son cœur, c'est être dans l'accueil de tout ce qui peut surgir dans notre vie ; c'est s'ouvrir à l'inconnu, s'abandonner à la Vie ; c'est créer une ouverture, accueillir l'autre dans ce qu'il est et lui laisser de l'espace, sans jugements.*

Ouvrir son cœur, pour ne pas juger

Souligner un simple fait n'est pas synonyme de jugement. Si je dis « là, je n'approuve pas ton choix, il ne correspond pas à mon besoin du moment mais je le comprends. Est-ce que tu acceptes que nous en discutions ? », je ne porte pas un jugement, je souligne simplement un fait et je crée une ouverture. Mais si je dis « ton choix est complètement débile », je juge et donc je ferme mon cœur à l'autre, qui va se sentir blessé. Il est donc possible d'exprimer son désaccord sans porter un jugement et être dans la fermeture. C'est seulement une question d'amour et de conscience. Les affirmations du style « c'est bien », « c'est mal », « c'est juste », « c'est injuste », « tu devrais », etc. sont également le signe d'une fermeture du cœur et sont donc à éviter, de même que toutes les interprétations erronées, par défaut de communication.

❧ *Être dans l'empathie et la compassion*

L'empathie est la capacité à se mettre à la place de l'autre, à sentir ce qu'il ressent, afin de mieux comprendre sa souffrance. Mais comment pouvons-nous vraiment nous mettre à la place d'une mère qui vient de perdre son enfant, si nous n'avons pas vécu la même expérience ? C'est pratiquement impossible, mais nous pouvons au moins essayer de nous rapprocher de la personne, ne serait-ce qu'en faisant en sorte d'entendre sa souffrance. La compassion va beaucoup plus loin. *Dans la compassion, il y a unité avec l'autre, sa souffrance devient la mienne,* je peux la regarder profondément et la comprendre avec mon cœur qui, dans ce cas, est totalement ouvert, comme dans le pardon.

❧ *Ouvrir son cœur pour pouvoir pardonner*

L'ouverture du cœur donne accès au pardon, c'est un don d'amour qui libère celui qui est pardonné mais aussi celui qui pardonne. Il est donc guérisseur des souffrances et des culpabilités et en même temps libérateur des rancunes qui empoisonnent la vie. C'est en cela qu'il apporte non seulement la paix de l'âme et de l'esprit mais aussi celle du corps, en nous délivrant des tensions et même parfois de certaines maladies psychosomatiques. Si nous ouvrons notre cœur et pouvons de ce fait comprendre la souffrance de l'autre qui se cache, par exemple, derrière une colère ou une addiction, il est beaucoup plus facile de lui pardonner ses excès verbaux ou ses violences. *La compréhension de la souffrance de l'autre et des peurs qui se cachent derrière permet le pardon* de certains actes, sans pour autant les excuser. Cependant, si vous êtes en mesure de voir la perfection en tout et de considérer que, *du point de vue de la réalité ultime, tout est juste et parfait*, alors le pardon devient inutile, car qu'auriez-vous alors à pardonner ?

➥ Application

Voici un petit exercice de pardon : écrivez trois lettres. Dans la première, exprimez à la personne concernée tout ce que vous avez sur le cœur, puis brûlez-la. Dans la deuxième, exprimez tout ce que vous voyez de beau en elle et gardez-la sans l'envoyer. Enfin, dans la troisième, faites-lui part de ce que vous avez ressenti à telle ou telle occasion qui vous a blessé, en restant dans le « je » et en termes de sentiments, de ressenti, puis remerciez-la pour ce qu'elle vous a appris sur vous-même à travers cette expérience. Envoyez alors cette lettre. Si c'est trop difficile pour vous, ne mettez pas d'adresse, le contenu parviendra subtilement à la personne.

Nous allons conclure sur les attitudes-clés susceptibles de contribuer à notre bonheur par une attitude intérieure qui nous paraît bien naturelle quand tout va bien mais qui, en fait, trouve sa véritable justification dans un contexte de crise ou de diminution des ressources : je veux parler de la *conscience d'abondance.*

12. Développer une conscience d'abondance

Pourquoi est-il de plus en plus nécessaire de développer une conscience d'abondance ?

Tout simplement parce que tout semble indiquer que nous sommes entrés dans un contexte de raréfaction des ressources, dans un monde de plus en plus peuplé. Les pays occidentaux ont vécu ces dernières décennies une prospérité de plus en plus grande, dans une course effrénée à la consommation, sans réaliser que nous étions en train de « brûler nos dernières cartouches » et d'hypothéquer l'avenir des générations à venir. Par ailleurs cette prospérité s'est faite au détriment des plus démunis, creusant un écart de plus en plus grand entre les riches et les pauvres, tant au niveau des hommes que des pays. L'avidité des hommes, les politiques de profit à court terme, le développement rapide des pays les plus peuplés, la non conscience de l'interaction entre tout ce qui participe à la vie (minéraux, végétaux, animaux, êtres humains) bouleverse l'équilibre de notre planète et du climat. L'eau, essentielle à notre survie, va sans doute devenir « l'or blanc » de demain et la spéculation sur cet élément vital ainsi que sur les matières premières nécessaires à notre alimentation prend une tournure inquiétante. Alors, si nous ne voulons pas sombrer dans la plus profonde morosité, il ne nous restera que la solution de *remplacer l'abondance matérielle par une « conscience d'abondance »*, ce qui constitue un véritable défi, puisque nous n'avons pas été capables de le faire jusqu'à ce jour, alors que nous vivions l'abondance. Mais n'est-ce pas dans les situations extrêmes que l'homme est capable de se dépasser ? Finalement, plutôt que de dramatiser, pourquoi ne pas voir dans cette aventure du troisième millénaire une formidable occasion de créer un monde nouveau, une humanité régénérée ?

❧ *Qu'entend-on par conscience d'abondance ?*

L'abondance est synonyme de prospérité matérielle. Nous sommes dans l'abondance lorsque nos ressources sont supérieures à nos besoins essentiels. Il s'agit donc d'un facteur extérieur, alors que *la conscience d'abondance est un sentiment intérieur, un état d'être.* Nous pouvons avoir une conscience d'abondance en situation de pénurie. C'est d'ailleurs souvent le cas dans certaines régions du monde particulièrement démunies de tout où les habitants peuvent être en situation de survie et cependant partager le peu qu'ils ont, l'abondance matérielle étant alors remplacée par l'abondance du cœur. Tant qu'ils peuvent offrir le peu qu'ils ont, ils ont encore conscience de l'abondance de la vie et de leur dignité. À l'opposé, bien des nantis vivent dans une conscience de manque et ne sont jamais satisfaits de ce qu'ils ont, ils en veulent toujours plus et ne partagent pas aisément. Lesquels sont les plus heureux ? Je vous laisse répondre à la question.

Si nous persistons à vouloir toujours plus et à nous accrocher à ce que nous possédons, sans accepter de partager, je crains bien que la conscience de pénurie l'emporte et nous conduise à un grand mal-être. Il est encore possible d'inverser la situation car, comme l'a souligné Yann Arthus Bertrand, « il est trop tard pour être pessimiste ».

La véritable abondance réside dans la conscience que nous en avons.

Privilégier la « qualité d'être » à la « quantité d'avoir »

Voici ce qu'écrit à ce sujet Philippe Derudder, auteur de plusieurs ouvrages traitant de la conscience d'abondance (notamment *Les aventuriers de l'abondance*, aux éditions Yves Michel) :

« La planète était abondante et l'homme a cru en la rareté… Bien des ressources deviennent rares et seront épuisées dans quelques années. Le défi est de croire maintenant en l'abondance… Mais ne nous y trompons pas, elle n'a rien à voir avec une « quantité d'avoir » mais tout à voir avec une « qualité d'être ».

L'avoir ne peut être qu'une conséquence de ce que nous sommes, c'est-à-dire de la conscience qui nous habite et qui dicte nos choix et non l'inverse. Si nous vivons dans la conscience du manque, nous nous coupons de notre source et par conséquent de la véritable abondance. L'univers est abondance et cette abondance se révèle à nous à tout instant, prête à se manifester dès que les conditions sont réunies mais également prête à se rétracter, dès lors que l'avidité de l'homme place l'avoir au premier plan, au détriment du plus grand nombre et de l'équilibre de la planète. Soyons donc vigilants, tout en restant confiants en notre avenir et celui de nos enfants.

❧ *Comment développer cette conscience d'abondance et, en même temps, attirer l'abondance à nous ?*

Il existe des « moyens habiles » pour développer cette conscience et nous ouvrir à l'abondance. En voici quelques-uns, que j'ai expérimentés avec succès :

- être dans l'acceptation de ce qui est et rester ouvert à tout ce qui peut surgir à tout instant ;
- entretenir fermement la croyance que rien n'est impossible et que nous ne sommes limités que par notre mental ;
- éviter de penser en termes de manque et prendre conscience de l'abondance autour de nous, en particulier dans la nature ;
- savoir donner, dans une énergie de partage et de solidarité ;
- échanger tout ce qui peut l'être, en termes de produits et de services ;
- faire le vide de tout ce que possédons en surplus et que nous n'utilisons plus ;

– exprimer régulièrement de la gratitude, pour tout ce que nous vivons ;
– se tourner vers l'espace intérieur, pour y trouver notre complétude.

➥ *Application*

Pensez à remercier régulièrement l'univers pour la réalisation de tous vos désirs, comme s'ils étaient déjà réalisés. En faisant cela, vous les attirez à vous, car potentiellement ils attendent seulement que les conditions soient réunies pour se manifester matériellement. C'est une belle façon de développer votre conscience d'abondance, mais il faut y croire, en toute sincérité ! Sinon, je vous invite à « faire comme si ».

Mais quel que soit le chemin que vous choisirez pour accéder à un bonheur durable, il passera infailliblement à un moment ou à un autre de votre vie par l'accès *à l'espace intérieur*, là où vous pourrez contacter votre être profond et entendre le chant de votre âme.

IV

L'accès à l'espace intérieur, porte du vrai bonheur

Quel sens donner à l'expression « espace intérieur » ?

L'expression peut en effet nous inciter à penser qu'il s'agit d'un espace limité, mais il n'en est rien. L'espace intérieur est en soi illimité et inclut non seulement notre intériorité propre, mais également la source de tout ce qui est, l'univers dans son ensemble. C'est là que nous pouvons contacter notre être profond, notre essence même, ce qu'Eckhart Tolle désigne par « conscience pure » (conscience non conditionnée) ou encore « présence », qui permet à toute chose d'apparaître et de disparaître. Il est hors du champ du mental et des émotions, c'est pourquoi il est difficile de le décrire avec des mots, nous ne pouvons que le sentir en nous-mêmes et autour de nous. C'est l'une des portes d'accès au non-manifesté, au « sans forme », à l'illimité, ainsi qu'au lâcher-prise et au bonheur durable. Cet espace est à la fois un refuge dans les moments difficiles et un lieu d'épanouissement, de quiétude et de liberté.

C'est dans l'espace intérieur que nous pouvons puiser la force de notre sagesse profonde et y trouver la joie et la quiétude et, par extension, le bonheur.

Comment accéder à cet espace ?

Cela ne peut se faire qu'en étant intensément présent à ce qui est, en étant pleinement conscient, ce qui suppose que notre mental soit au repos, silencieux. Toute forme de *méditation* favorise cet état, de même que *la prière (celle du cœur), l'investigation introspective non mentalisée, la respiration consciente, la relaxation totale et la concentration sur le champ énergétique de notre corps*, le chi, par des techniques comme le yoga, le taï-chi, le Qi-cong notamment, à partir du moment où elles ne sont pas exclusivement pratiquées à des fins physiques mais aussi spirituelles. Bien entendu, *la pratique régulière du lâcher-prise*, c'est-à-dire l'abandon de toute résistance mentale et émotionnelle, est également une voie d'accès à cet espace.

Lorsque vous n'opposez pas de résistance à ce qui est ou arrive, lorsque votre mental est au repos, que vous ne contrôlez rien et que vous ne tentez pas de manipuler, vous pouvez prendre conscience d'une présence en vous, d'une force silencieuse immanente d'où émane un *sentiment de paix, de joie, d'amour et de liberté.* Il s'agit de l'espace intérieur, qui est le portail ouvrant sur le bonheur durable. Dans cet espace, l'ego n'a plus d'emprise sur vous, bien qu'il soit toujours présent et, pendant quelque temps, vous n'êtes plus identifié à la forme. Vous êtes, simplement. Lorsque vous êtes relié à l'espace intérieur, vous éprouvez un sentiment de profonde quiétude, de paix qui s'accompagne d'une joie intérieure, expression de l'amour véritable et de la vraie liberté : c'est *la plénitude de l'Être.*

C'est à partir de cet espace que vous pouvez prendre conscience de votre véritable nature, de ce que vous êtes vraiment. C'est dans cet espace que vous êtes réellement vivant, libéré de l'illusion de la forme et connecté à *la conscience pure que vous êtes,* lui permettant ainsi d'éclairer et de guider vos choix dans la justesse, rendant plus efficace tout ce que vous entreprenez, sans être pollué par des pensées ou des émotions négatives, sans être limité par l'égo et sa réactivité.

Le détachement, la non-attente, le non-contrôle et le non-jugement sont également des voies d'accès à l'espace intérieur, à notre sagesse profonde, de même que *le silence et l'immobilité,* laquelle n'est pas à confondre avec la passivité. Être attentif au silence extérieur, de préférence aux sons, est un moyen de trouver le silence intérieur, celui du mental, la tranquillité de l'esprit. *La contemplation de l'espace, de la vacuité* dans la forme et hors de la forme, en évitant d'en chercher une compréhension mentale, nous permet d'obtenir le même résultat. Toutes ces voies d'accès sont précieuses et interchangeables, à vous de choisir celles qui vous conviennent le mieux à tel ou tel moment.

La méditation, la prière, la respiration consciente, les techniques énergétiques, le silence, le détachement, la non-attente, le non-jugement et en particulier le lâcher-prise, sont des voies d'accès à l'espace intérieur.

Qu'est-ce qui y fait obstacle ?

➘ ***L'agitation de notre mental***, nos pensées compulsives et nos émotions parasites, en particulier *nos peurs*, qui nous coupent de notre être.

➘ ***Nos résistances*** à ce qui est ou arrive dans notre vie, sous l'impact des peurs et du système de défense mis en place par l'ego pour se protéger. Tant que ces résistances ne sont pas repérées et reconnues, elles génèrent du mal-être, de la souffrance.

➘ ***L'attachement excessif*** à des biens matériels, à des désirs, des idées ou à une personne fait également obstacle à l'accès à l'espace intérieur et donc à notre bonheur. Toutefois, l'attachement n'est pas en soi un obstacle, il est profondément humain. Il n'est un obstacle que lorsqu'il est dysfonctionnel et nous rend esclave. L'erreur serait de chercher à l'éradiquer à tout prix et de lutter contre. J'ai pu constater par moi-même que c'est en le laissant être, en l'accueillant totalement, que les nœuds peuvent le plus aisément se défaire d'eux-mêmes progressivement et nous libérer du poids excessif de nos pensées aliénantes.

➘ *Le jugement*

Le jugement émanant du mental, il est nécessairement un obstacle pour accéder à l'espace intérieur. Il en va de même des critiques, des a priori et des interprétations ou perceptions erronées, dont nous avons déjà parlé.

➘ *Le contrôle et la manipulation*

Notre besoin de sécurité nous pousse à tout vouloir contrôler, afin que les choses aillent dans le sens que nous souhaitons ou tout au moins essayer d'éviter les désagréments de la vie, au lieu de lâcher prise et de laisser la vie agir à notre place. En faisant cela, nous tentons de manipuler la vie et nous nous coupons là aussi de notre être.

➘ *L'identification à la forme, à la personne*

Lorsque nous nous identifions à la forme, c'est-à-dire à notre corps, notre personnalité, notre profession, nos biens, nos idées, nos pensées, nos émotions etc., nous nous coupons de l'espace intérieur, du non-manifesté et nous sommes alors sous l'emprise de notre ego, qui nous prive de notre vrai pouvoir et nous éloigne de *notre véritable nature*. L'identification à la forme est la source de toutes nos souffrances, mais paradoxalement, ce sont celles-ci qui nous permettent de nous en désidentifier, dès qu'elle est conscientisée. C'est le chemin de l'*éveil spirituel*, qui consiste à *revenir à notre nature originelle*.

➘ *L'illusion de la séparation*

Se croire séparé des autres et de tout ce qui est crée en nous et autour de nous une division qui nous coupe également de notre être. C'est en fait une illusion car, si nous regardons en profondeur, nous voyons bien que *tout est lié et interdépendant*. La vague est-elle séparée de l'océan ? Rien ni personne n'a d'existence propre séparée et cela devrait nous rendre plus humbles. Par la physique quantique, nous savons que tout est énergie. Nous sommes énergie. Ce ne sont donc que les formes créées sous l'action de cette énergie universelle qui nous différencient, ainsi que leur fréquence vibratoire, mais il n'y a pas de séparation, pas plus qu'il y a une séparation entre l'air dans une pièce et celui de la pièce d'à côté. C'est toujours de l'air. C'est donc à *l'unité* avec tout ce qui est que nous sommes tous conviés et appelés à vivre tôt ou tard et cette unité ne peut être trouvée que dans le silence de l'espace intérieur. *Tout est Un*.

➘ *Les attentes et le vouloir*

L'ego vit de la dualité et nous vivons dans un monde duel : le bien et le mal, le juste et le non juste, le blanc et le noir, le grand et le petit, notre vision de la vie est sans cesse conditionnée par cette dualité, ce qui nous coupe de l'unité. Or *la non-attente mène à l'unité*, alors que *l'attente crée la dualité* (et inversement) et donc la division. Cette dualité est porteuse d'attentes innombrables qui nous emprisonnent dans notre mental, nous limitent et affectent notre bonheur. *L'attente* est contraire au lâcher-prise et à l'acceptation de ce qui est ou arrive, puisque liée au futur. Elle est donc un dysfonctionnement de notre relation au moment présent. Il en va de même du « vouloir » propre à l'ego, en particulier lorsque nous voulons à tout prix un résultat déterminé, au lieu de faire confiance à la Vie.

➘ *La croyance que seul ce qui est perçu par nos sens est réel*

Toujours selon la physique quantique, *ce qui existe n'existe qu'en fonction de la croyance qu'on en a*. La plupart des gens n'ont pas conscience de l'existence d'un espace intérieur. Cela ne prouve nullement qu'il n'existe pas. Une chose est cependant certaine et expérimentable par chacun : la conscience de cet espace et le choix de vivre à partir de lui peut nous procurer une quiétude sans égal et, en définitive, le seul bonheur durable qui soit, puisque celui-ci ne dépendra plus des conditions extérieures de notre vie, toujours soumises au changement et à l'impermanence. Nous croyons que seul ce qui est perçu par nos sens est réel, alors qu'il ne s'agit que d'une création de notre mental, une projection qui apparaît puis disparaît, mais notre être profond, lui, demeure.

Le mental, la résistance à ce qui est, l'attachement, le jugement, l'identification à la forme, l'illusion de la séparation ainsi que les attentes, le contrôle et le vouloir sont les principaux obstacles pour accéder à l'espace intérieur.

Un état d'être

Le bonheur est avant tout un état d'être, un *état intérieur* plus ou moins éphémère, du moins tant qu'il reste tributaire de nos conditions extérieures de vie. C'est pourquoi nous ne pouvons parler, dans un tel contexte, que de « moments de bonheur » et il est tout à fait légitime de les vivre pleinement, lorsque les conditions nous le permettent.

Nous avons vu que notre bonheur dépendait pour une bonne part de la qualité de notre relation aux autres, à nous-mêmes et à la vie, de notre capacité à lâcher prise et de nos attitudes. Mais cela ne suffit pas à nous procurer un bonheur total et durable – le seul qui puisse véritablement nous combler – qui ne peut être atteint qu'à travers notre relation au Divin, à l'Être en nous, à la Source de tout ce qui est, a été et sera. Cet *état d'être* se cultive, à partir de l'espace intérieur. *L'art d'être heureux* se cultive et déploie ses ailes, dès lors que nous sommes en mesure de sentir la présence de l'Être en nous et autour de nous, ce qui suppose d'être dans le non-mental et de ne plus nous identifier à la forme, à la personne que nous croyons être. Nous sommes beaucoup plus que cela et il appartient à chacun de découvrir « qui il est » ou « ce qu'il est » vraiment, au-delà des apparences, au-delà des réalités perceptibles par nos sens. C'est un chemin et nous sommes tous invités à le parcourir.

L'art d'être heureux se cultive et prend ses racines dans la présence de l'Être en nous, la Conscience pure, qui est la source de tout ce qui est.

Raison d'être intérieure et raisons d'être extérieures

Nombreux parmi nous sont ceux qui cherchent leur raison d'être, le sens de leur vie. Beaucoup se contentent de la rechercher à l'extérieur, que ce soit dans l'amour, la réussite, la vie familiale ou professionnelle, la compétition, un art, l'aide aux autres, le devoir ou toute autre forme. C'est tout à fait légitime, seulement il faut bien garder à l'esprit que cette raison d'être nous laissera toujours insatisfaits, à un moment ou à un autre, puisqu'éphémère. Il nous faudra toujours plus, pour essayer en vain d'être contentés. Par conséquent nous devons nous rendre à l'évidence que *notre raison d'être profonde doit être recherchée ailleurs,* non pas à l'extérieur, dans la forme, mais *à l'intérieur de nous-mêmes*, dans cet espace intérieur dont nous parlons ici.

Ma raison d'être profonde est d'être et de faire ce que je suis et fais dans l'instant présent, en pleine conscience, dans une attention, une présence vigilante. Elle est dans ce que je suis vraiment, *dans la vie que je suis* et non *dans mes conditions de vie*, dans ce que je suis en tant qu'être, en tant que conscience et non en tant que personne. Il ne s'agit plus pour moi d'être ceci ou cela, d'être plus ou d'être moins, ce qui revient à jouer des rôles ou des mélodrames, mais *d'être, tout simplement,* sans rien mettre derrière ce mot qui ne peut être compris avec le mental, tout en sachant que je ne peux rien « faire » pour « être », car c'est seulement un état intérieur qu'il est vain d'essayer de trouver dans le temps. Il est là, présent en nous, dans l'instant présent qu'est la vie. Il est donc tout à fait inutile de le rechercher, d'en faire une quête.

Alors, j'en arrive à me demander : *le bonheur ne consisterait-il pas tout simplement à vivre ici et maintenant, en pleine conscience, dans l'acceptation totale de ce qui est ou arrive,* minute par minute, avec un mental aussi calme que possible et une confiance totale dans la Vie, qui sait ce qui est bon pour chacun de nous et agit à travers nous, si nous la laissons faire ? C'est véritablement une question de regard.

➥ *Application*

Placez-vous dans un endroit silencieux et fermez les yeux, puis prenez quelques respirations profondes. Lorsque vous serez parfaitement détendu et que vos pensées seront au repos, mettez-vous en contact avec votre espace intérieur et demandez-vous quelle est votre raison d'être profonde. Laissez venir tranquillement la réponse, à partir de votre cœur, de votre ressenti. Acceptez ce qui arrive, sans étiqueter mentalement. Si la réponse ne vient pas, n'insistez pas, ne vous jugez pas, c'est correct. La réponse vous viendra à un moment ou un autre, non par des mots mais par un sentiment de profonde quiétude. Puis demandez-vous ce qu'est votre raison d'être, là, en ce moment-même, et laissez venir la réponse. Vous pouvez refaire cet exercice plusieurs fois, à différents moments.

Conclusion

Dans mon introduction, j'ai précisé qu'en fait, il n'y a pas réellement de secret du bonheur. Vous avez sans doute compris maintenant que c'est précisément là qu'est « le secret », dans le fait de ne pas chercher à le saisir, mais plutôt de *vous laisser saisir par lui, en étant dans l'acceptation de la totalité de la manifestation.* Certes, le bonheur existe, mais pour être complet et durable il ne peut être qu'intérieur, sous l'aspect d'une profonde quiétude, troublée de temps en temps par les conditions extérieures de notre vie.

Pour conclure cet ouvrage, je vais vous raconter une belle histoire tirée de la tradition soufie :

Un empereur rencontra un jour un mendiant et lui demanda : « Que veux-tu pour ton bonheur ? »

Le mendiant éclata de rire et répondit : « Vous semblez insinuer que vous pouvez exaucer tous mes désirs, comme si vous en aviez le pouvoir ! »

« Bien sûr que je peux les exaucer », répliqua l'empereur. « Ne suis-je pas l'empereur le plus puissant du monde ? Tu n'as qu'à demander ».

Le mendiant lui dit alors : « Mon désir est très simple : peux-tu mettre quelque chose dans mon bol de mendiant ? ».

« Évidemment », répondit le roi. Il appela son vizir et lui dit : « Remplis le bol de ce mendiant avec de l'argent ! » Le vizir commença à verser des pièces d'argent dans le bol et s'aperçut, à sa grande surprise, que l'argent disparaissait au fur et à mesure qu'il tombait dans le bol. Celui-ci restait désespérément vide.

L'empereur se sentit ridiculisé et fit quérir tous ses trésors, diamants, émeraudes, perles rares. Tout fut déversé dans le bol, mais tout continuait à disparaître en tombant, c'était comme si le bol n'avait pas de fond.

Alors l'empereur tomba à genoux aux pieds du mendiant et lui dit : « Mendiant, dis-moi seulement une chose, de quoi ton bol est-il fait ? Quel est ton secret ? »

Le mendiant lui répondit en riant : « Ce n'est pas un secret… Mon bol est fait de tous les désirs des êtres humains. »

La satisfaction de nos désirs représente l'idée que la plupart d'entre nous se font du bonheur. C'est un puits sans fonds, comme le bol du mendiant. L'excitation créée par nos désirs n'est là que pour masquer notre vide intérieur. Une fois le désir satisfait, l'excitation tombe et le manque réapparaît. C'est ainsi que nous passons d'un désir à un autre dans une course folle qui ne s'arrête jamais et que nous restons un mendiant toute notre vie, en quête d'un bonheur qui ne nous comblera jamais totalement.

Ceci ne veut nullement dire qu'il faut renoncer à nos désirs. Être sans désirs n'est pas être vivant, mais il convient de ne pas s'y accrocher et de les laisser simplement « être », en les confiant à la Vie qui, n'en doutons pas, créera le moment venu les conditions nécessaires à leur réalisation, si c'est ce qu'Elle veut pour nous.

Le jour où nous comprenons que l'objet du bonheur en tant que tel, lorsqu'il est identifié à une forme, ne pourra jamais nous satisfaire pleinement, nous commençons à nous tourner vers l'espace intérieur, là où nous pouvons trouver l'unique source de plénitude et de quiétude qui sommeille en chacun de nous, et notre bol est à jamais rempli.

Présentation de l'auteur

Après une longue activité commerciale en entreprise, Yvon Delvoye s'est reconverti en 1994 dans la communication relationnelle, en tant que formateur et accompagnant auprès de particuliers. À ce titre, il a conçu et mis en place dans des séminaires, groupes de parole et ateliers, une approche spécifique et concrète des relations humaines : la Communication Créative. Il est l'auteur d'un ouvrage très détaillé sur le thème du bonheur, proposant plus de 100 exercices pratiques : *Les 12 attitudes-clés des gens heureux* (Éd. Jouvence).

Le courrier des lecteurs

Si vous le souhaitez, vous pouvez communiquer avec l'auteur, en lui envoyant un message par l'intermédiaire de son blog :

http://yvondelvoye.unblog.fr/

Les questions-réponses seront reportées sur le blog, en respectant votre anonymat, afin qu'elles puissent servir au plus grand nombre.

Bibliographie

ADYASHANTI, *Conscience pure et méditation véritable*, Ariane, 2006
CORNEAU Guy, *N'y a-t-il pas d'amour heureux*, Robert Laffont, 2003
DELVOYE Yvon, *Les 12 attitudes-clés des gens heureux*, Éditions Jouvence, 2010
DERUDDER Philippe, *Les aventuriers de l'abondance*, Yves Michel, 2010
DESJARDINS Arnaud, *Pour une vie réussie, un amour réussi*, Pocket, 2008
DURAN-SERRANO Yolande, *le silence guérit*, Éditions Almora, 2010
EGLI rené, *Le Principe LOL2A*, Éditions d'Olt, 2000
PORTELANCE Colette, *La guérison intérieure, par l'acceptation et le lâcher-prise*, Jouvence, 2009
POLETTI Rosette et DOBBS Barbara, *Accepter ce qui est*, Jouvence 2005
PORTELANCE Colette, *Les 7 étapes du lâcher-prise*, Jouvence, 2009

PRADERVAND Pierre, *Le bonheur, ça s'apprend*, Jouvence, 2010
ROSENBERG Marshall B., *Dénouer les conflits par la Communication NonViolente*, Jouvence, 2006
ROSENBERG Marshall B., *Parler de paix dans un monde de conflits*, Jouvence, 2009
SALOME Jacques, *Heureux qui communique*, Albin Michel, 2003
THICH NHAT HANH, *La sérénité de l'instant*, J'ai lu, 2009
TOLLE Eckhart, *Le pouvoir du moment présent*, Ariane, 1997
TOLLE Eckhart, *Nouvelle Terre*, Ariane, 2005

Note de l'éditeur

Voici une synthèse, et non pas une redite, du livre *Les 12 attitudes-clés des gens heureux* du même auteur aux Éditions Jouvence.

La version que vous avez en main, parue dans la collection des PRATIQUES Jouvence, permet en effet d'appréhender de façon concrète et pratique les grands principes qui y sont énoncés. Vous avez ainsi loisir d'avancer par vous-même ou de vous référer à l'ouvrage plus approfondi (voir les coordonnées ci-dessous).

Ainsi nous contribuons réellement à éditer des livres qui sont mis en pratique, deviennent des compagnons de route et vous aident à progresser.

Les 12 attitudes-clés des gens heureux

Yvon Delvoye
Préface du Dr Gérard Leleu
Illustrations de Catherine Ansquer

Dépassons les crises et utilisons-les comme une formidable opportunité pour vivre autrement, dans le respect des richesses que la Vie nous a confiées, dans un partage plus équilibré et une consommation plus réfléchie. Pour franchir ce cap en toute confiance et ouverture, l'auteur propose 12 clés pour être heureux.

288 pages • 18,20 €

CPi
BLACK PRINT

Achevé d'imprimer par CPI (Barcelone)
en décembre 2016

Imprimé en Espagne

Dépôt légal : Janvier 2012

Ce livre est imprimé par CPI qui assure une stricte application des règles concernant le recyclage et le traitement des déchets, ainsi que la réduction des besoins énergétiques.